Jornalismo Popular

COLEÇÃO COMUNICAÇÃO

Coordenação
Luciana Pinsky

A arte de entrevistar bem Thaís Oyama
A arte de escrever bem Dad Squarisi e Arlete Salvador
A arte de fazer um jornal diário Ricardo Noblat
A imprensa e o dever de liberdade Eugênio Bucci
A mídia e seus truques Nilton Hernandes
Assessoria de imprensa Maristela Mafei
Comunicação corporativa Maristela Mafei e Valdete Cecato
Correspondente internacional Carlos Eduardo Lins da Silva
Escrever melhor Dad Squarisi e Arlete Salvador
Ética no jornalismo Rogério Christofoletti
Hipertexto, hipermídia Pollyana Ferrari (org.)
História da imprensa no Brasil Ana Luiza Martins e Tania Regina de Luca (orgs.)
História da televisão no Brasil Ana Paula Goulart Ribeiro, Igor Sacramento e Marco Roxo (orgs.)
Jornalismo científico Fabíola de Oliveira
Jornalismo cultural Daniel Piza
Jornalismo de rádio Milton Jung
Jornalismo de revista Marília Scalzo
Jornalismo de TV Luciana Bistane e Luciane Bacellar
Jornalismo e publicidade no rádio Roseann Kennedy e Amadeu Nogueira de Paula
Jornalismo digital Pollyana Ferrari
Jornalismo econômico Suely Caldas
Jornalismo esportivo Paulo Vinicius Coelho
Jornalismo internacional João Batista Natali
Jornalismo investigativo Leandro Fortes
Jornalismo político Franklin Martins
Jornalismo popular Márcia Franz Amaral
Livro-reportagem Eduardo Belo
Manual do foca Thaïs de Mendonça Jorge
Manual do frila Maurício Oliveira
Manual do jornalismo esportivo Heródoto Barbeiro e Patrícia Rangel
Os jornais podem desaparecer? Philip Meyer
Os segredos das redações Leandro Fortes
Perfis & entrevistas Daniel Piza
Reportagem na TV Alexandre Carvalho, Fábio Diamante, Thiago Bruniera e Sérgio Utsch (orgs.)
Teoria do jornalismo Felipe Pena

Jornalismo Popular

Márcia Franz Amaral

Copyright© 2006 Márcia Franz Amaral
Todos os direitos desta edição reservados à
Editora Contexto (Editora Pinsky Ltda.)

Montagem de capa
Gustavo S. Vilas Boas

Diagramação
Veridiana Magalhães

Projeto de capa
Marcelo Mandruca

Preparação de textos
Celso de Campos Jr.

Revisão
Ruy Azevedo

Dados Internacionais de Catalogação na Publicação (CIP)
(Câmara Brasileira do Livro, SP, Brasil)

Amaral, Márcia Franz
Jornalismo popular / Márcia Franz Amaral. – 2. ed. – São Paulo : Contexto, 2021.

Bibliografia.
ISBN 978-85-7244-325-8

1. Jornalismo – Brasil I. Título.

06-1746 CDD-070.0981

Índice para catálogo sistemático:
1. Brasil : Jornalismo popular   070.0981

2021

Editora Contexto
Diretor editorial: *Jaime Pinsky*

Rua Dr. José Elias, 520 – Alto da Lapa
05083-030 – São Paulo – SP
PABX: (11) 3832 5838
contexto@editoracontexto.com.br
www.editoracontexto.com.br

Proibida a reprodução total ou parcial.
Os infratores serão processados na forma da lei.

Para Hugo, Marília, Regis, Heitor e Manuela.

SUMÁRIO

PREFÁCIO 9

CAPÍTULO I

O sensacionalismo não cabe em si **15**
Jornalismo sensacionalista ou popular 15
O sensacionalismo na história da imprensa....................16
O que faz um jornal ser sensacionalista? 20
O conceito ainda serve?..21
O jornal "de causa" e o jornal "mercadoria" 24

CAPÍTULO II

A redescoberta de um segmento **29**
Jornais: nem só sexo, nem só sangue.............................29
Televisão: o mundo-cão perde espaço 44
Revistas: a classe c vai às bancas..................................48

CAPÍTULO III

O leitor do mundo e o mundo do leitor **51**
Todos são feitos para o mercado 51
Os jornais de referência e o interesse público 54
Os jornais populares e o interesse do público 57
Por que a imprensa popular é assim?..............................58
O que os jornais pensam do público popular 60
O que é notícia no jornal popular? 62
Entre o mercado e a cultura 70

CAPÍTULO IV

Um caso: O penny press gaúcho...................................**79**
Conhecendo o *Diário Gaúcho*..79
O leitor: quem é e o que diz 85
Diferenças em relação ao *Zero Hora* 94
Características dramáticas..97

CAPÍTULO V

A prática do jornalismo popular **107**
Caminhos para a popularização 107
Riscos da popularização 119
O perfil do jornalista 126
Possibilidades de um jornalismo popular de qualidade 129
Pistas para um conceito de jornalismo popular 133

CAPAS DE ALGUNS JORNAIS *135*

ROTEIRO DE LEITURA *141*

BIBLIOGRAFIA COMPLEMENTAR *143*

PREFÁCIO

"Vampiro violentou 45 moças" – *manchete do jornal* Notícias Populares, *de São Paulo, em 5/4/1971.*

"Queda do dólar afeta o bolso de catadores" – *manchete do jornal* Diário Gaúcho, *de Porto Alegre, em 12/8/2005.*

Trinta e quatro anos separam essas manchetes. O mercado dos jornais populares cresceu, mudou e quem só conhece o chavão sensacionalista para tratar do tema, precisa se atualizar. Os jornais destinados às classes B, C e D integram um novo mercado a ser analisado, caracterizado por um público que não quer apenas histórias incríveis e inverossímeis, mas compra jornais em busca também de prestação de serviço e entretenimento. Os veículos usam como estratégia de sedução do público leitor a cobertura da inoperância do poder público, da vida das celebridades e do cotidiano das pessoas do povo. Os assuntos que interessam são prioritariamente os que mexem de imediato com a vida da população. Na pauta, o atendimento do SUS e do INSS, a segurança pública, o mercado de trabalho, o futebol e a televisão.

O livro aborda um segmento de jornais que busca se aproximar de camadas mais amplas da população e, por isso, tem como diferencial uma entonação mais popular, que varia de veículo para veículo, mas os enquadra numa interessante segmentação. Dos oito jornais de maior circulação no país em 2005, três eram destinados a públicos mais populares: o *Extra* (RJ), *O Dia* (RJ) e o *Diário Gaúcho* (RS).

Vendidos somente em bancas, os jornais conhecidos como populares seguem com capas chamativas e a violência permanece como assunto, mas os cadáveres são cada vez mais raros. No lugar da linguagem chula, da escatologia e das matérias inventadas, os jornais buscam a linguagem simples, o didatismo, a prestação de serviços e, pasmem, a credibilidade. São jornais que atendem às regiões metropolitanas, apostam nas editorias de Cidades e dificilmente se tornarão nacionais. A temática política, até há bem pouco tempo ausente, hoje ocupa um lugar mais expressivo. Jornais populares publicam matérias exclusivas, dão furos e ganham prêmios. No Prêmio Esso de 2004, por exemplo, *O Dia* venceu na categoria Fotografia e foi finalista nas categorias Reportagem, Criação Gráfica e Primeira Página (com o *Extra*). Em 2005, o jornalista Fábio Gusmão, do *Extra*, ganhou o Prêmio Esso de Reportagem pelo trabalho "Janela Indiscreta". A série de reportagens mostrou como a aposentada Dona Vitória, de 80 anos, registrou o dia a dia do tráfico na ladeira dos Tabajaras, no Rio de Janeiro. A reportagem provocou uma operação da Polícia Militar no local e ajudou na prisão de bandidos e policiais militares envolvidos com o tráfico. *O Dia* venceu, em 2005, a categoria Fotografia do xxII Prêmio Direitos Humanos de Jornalismo, concedido pelo Movimento de Justiça e Direitos Humanos e pela Ordem dos Advogados do Brasil seccional Rio Grande do Sul (oab-rs). A foto, intitulada *Guerra na Rocinha – Que futuro é esse?*, do repórter-fotográfico Carlo Wrede, foi feita durante operação policial na favela da Rocinha, em junho de 2005. É uma imagem de um garoto fingindo dar tiros com um cabo de vassoura nas mãos. Enfim, os jornais desse segmento têm assumido maior importância social. Evidentemente, essa mudança de rumo não significa que os jornais populares agora sejam de qualidade ou não mereçam uma análise crítica, mas indica que precisam ser vistos com outros olhos.

Meu interesse pelo assunto surgiu no trabalho realizado nas assessorias de imprensa sindicais nos anos 1980. Enquanto alguns jornais populares comerciais vendiam muito e os programas televisivos popularescos tinham enorme audiência, os produtos informativos sindicais eram tediosos e pouco atraentes. Perguntava-me por que, afinal, os jornais sindicais pareciam tão distantes de seu público. Concluí sobre a necessidade de estudar como os jornais se aproximam dos leitores de baixa renda e pouco hábito de leitura.

Na década de 1990, ao fazer dissertação de mestrado na área de comunicação rural, descobri o sentido do termo "comunicabilidade", costumeiramente ignorado pelos jornalistas, com base em estudos sobre como a compreensão das mensagens jornalísticas está ligada à cultura dos setores populares. Quando uma notícia, um fôlder ou um vídeo são produzidos de acordo com a linguagem e os hábitos de agricultores do interior de Minas Gerais, dificilmente serão entendidos por produtores do Nordeste e vice-versa.

Com o passar dos anos, já como professora de jornalismo, percebi o aumento do mercado de trabalho no segmento popular da grande imprensa, mas na universidade era evidente a falta de profundidade das considerações sobre programas e jornais populares, pois os comentários sobre o tema nunca ultrapassavam a mera condenação. Expressões como "degradação cultural", "lixo" e "antijornalismo" sempre foram usadas para desqualificar os produtos informativos populares comerciais, o que também os exclui do rol de objetos dignos de serem estudados e pesquisados. Daí para fazer o doutorado sobre o tema foi um passo. A Rede Brasil Sul (RBS) lançava no mercado um jornal popular fora do esquema "espreme que sai sangue", rótulo pelo qual ficou conhecido o jornal *Notícias Populares*, editado em São Paulo de 1963 a 2001. O *Diário Gaúcho*, lançado em 2000 pela Rede Brasil Sul, na Grande Porto Alegre, com tiragens polpudas, foi escolhido como objeto de pesquisa. Na pesquisa, enfoquei uma estratégia utilizada pela publicação: a intensa fala do leitor popular em suas páginas. A tese, intitulada *O lugar de fala do leitor no Diário Gaúcho*, defendida na Universidade Federal do Rio Grande do Sul, faz uma ampla articulação teórica para explicar o segmento popular da grande imprensa e seus vínculos com o leitor.

Este livro surgiu após a tese, fruto da necessidade de divulgar uma abordagem mais "arejada" da imprensa popular, de apontar suas conexões culturais e tendências e de mostrar um pouco do que vem sendo feito no país. A temática merece muitos estudos críticos, mas o objetivo do livro é discutir o velho conceito de sensacionalismo e mostrar a evolução de um mercado importante para a mídia impressa hoje.

O texto foi escrito com o desafio de trazer contribuições da academia para uma realidade pautada pelas necessidades do mercado. A intenção é mostrar no que essa imprensa se diferencia e como pode se qualificar. Minha ideia não é ser advogada de defesa do gênero, mas fornecer elementos para que a discussão saia do "achismo" e tenha uma base em sólida pesquisa.

Escolhi como fio condutor da reflexão o segmento popular da grande imprensa, embora o texto resgate, com o objetivo de ilustrar, alguns programas de televisão e algumas revistas populares mais significativas. Não me refiro ao rádio, precursor de muitas fórmulas populares, pela dificuldade de sistematizar os diversos programas espalhados pelo país, o que demandaria uma pesquisa específica. Mesmo assim, indico, ao final do livro, um roteiro de leitura para quem se interessa pelos produtos jornalísticos populares nos vários veículos.

O livro se intitula *Jornalismo popular*, mesmo que, por vezes, a prática dos produtos populares não se configure em jornalismo. Embora pareça óbvio, fazer jornalismo deve ser a meta de todo jornalista, e o texto aponta para essa direção. Acredito que uma imprensa popular de qualidade só é viável se conseguir desenvolver um tipo de jornalismo ético que aperfeiçoe suas técnicas de comunicação com o leitor popular sem ficar refém dos requisitos do mercado.

Pensar em um jornalismo voltado à maioria da população é uma experiência sempre tomada por questionamentos e críticas, pois, quando do se trabalha com jornalismo numa perspectiva popular, percebe-se o quanto são tênues os limites entre a responsabilidade pública e a sedução do leitor.

Do ponto de vista da relevância social, é muito produtivo analisar como a imprensa se faz popular. É tarefa do jornalista informar setores mais amplos da população e, por isso, não é recomendável ficar circunscrito a uma única forma de se fazer jornalismo. Os jornais populares devem ser observados para que seja possível captar suas estratégias e, num movimento crítico, incorporá-las ou descartá-las no sentido de criar bases técnicas para um jornalismo popular diferenciado.

Também é importante deixar claro que o leitor popular não é passivo em relação aos jornais. Nem o segmento popular da imprensa é simplesmente fruto de interesses empresariais, nem seu público responde cegamente aos chamados do produto. Se os jornais, programas e revistas fazem sucesso, é porque há recompensas para esse leitor. Assim, existe uma complexa relação entre a produção e o consumo dos produtos populares.

O livro é construído de modo que os capítulos possam ser lidos de maneira aleatória. O primeiro capítulo aborda o tema do ponto de vista conceitual e histórico. Explica por que uso o termo "popular" e não o "sensacionalista" e conta um pouco da história do sensacionalismo na imprensa. Muitos recursos de popularização citados são utilizados por toda a imprensa, mas são prioritariamente encontrados nos jornais que se destinam às classes B, C e D.

No segundo capítulo, o leitor encontrará uma contextualização da nova fase em que os jornais populares se encontram. Nele, apresento os principais jornais populares do país e relato brevemente o que está ocorrendo com os produtos jornalísticos populares na televisão e no mercado de revistas.

Quem optar por ler de início uma reflexão mais densa sobre o tema pode ir diretamente ao capítulo "O leitor do mundo e o mundo do leitor", em que há uma reflexão sobre a existência de diferentes imprensas e sobre como elas falam de mundos diferentes. Um tipo de jornal sobrevive prioritariamente de um discurso sobre questões de interesse público e outro é pautado em primeiro lugar pelo interesse do público. A imprensa considerada "mais séria", destinada às classes A e B, precisa legitimar-se entre os formadores de opinião e, por isso, aborda temas classificados como mais relevantes. A imprensa que pretende conquistar o leitor das classes C, D e E dá mais atenção às temáticas de interesse desse público. O capítulo aborda o que é notícia no segmento popular e cita exemplos de como predominam as notícias próximas do público, que têm capacidade de ser útil e de entreter. Abordo o jornalismo popular pelo enfoque da cultura. Trago as raízes históricas do melodrama e do folhetim para explicar o quanto são antigas as estratégias da imprensa popular usadas na atualidade.

Apresento o caso do jornal *Diário Gaúcho* no quarto capítulo. Contextualizo esse veículo em termos de sua organização editorial e do perfil do seu leitor, mostro como ele se diferencia da cobertura de *Zero Hora* e aponto algumas características dramáticas presentes no jornal.

Aqueles que preferirem ir direto para os aspectos mais práticos do jornalismo popular podem dedicar-se ao último capítulo. O capítulo aborda as necessidades dos jornalistas de: conhecerem seu público, mudarem os pontos de vista de acordo com as posições sociais, econômicas e culturais desse leitor, adotarem linguagem simples e didática e tornarem os jornais essenciais para o leitor. Alerto para os perigos desse caminho de popularização, principalmente no que se refere à excessiva dramatização, à priorização do interesse do público em detrimento do interesse público e à representação das pessoas do povo como vítimas ou meros consumidores. Exponho algumas características do perfil do profissional desse segmento, mostro as possibilidades de um jornalismo popular de qualidade e indico alguns parâmetros para a definição de jornalismo popular na grande imprensa. Ao final do texto, reproduzo as capas de alguns jornais citados e apresento um roteiro de leitura sobre produtos jornalísticos populares e uma bibliografia complementar.

O livro tem o objetivo de introduzir o jornalista à realidade desse mercado apresentando ao profissional algumas reflexões sem lugares-comuns e clichês. Afinal, esse é um segmento importante porque democratiza a informação jornalística para setores da população com baixa escolaridade e amplia as oportunidades de trabalho para jornalistas. Embora o segmento dos jornais populares não seja recente, houve uma ampliação do mercado de trabalho com o surgimento de veículos como o *Extra* (RJ), o *Diário Gaúcho* (RS) e o *Agora São Paulo* (SP) e, mais recentemente, o *Meia Hora* (RJ), o *Expresso* (RJ), o *Aqui!* (MG) e o *Super Notícia* (MG).

São jornais que atendem a nichos de mercado pouco explorados e provocam um debate fundamental no campo jornalístico: Afinal, o que interessa aos leitores? Entre os assuntos que interessam aos leitores, o que pode ser considerado jornalismo? No que os jornais populares se diferem dos demais?

É hora de nós, jornalistas, pensarmos em padrões de qualidade para essa imprensa. Quantos de nós saberíamos o que fazer com nossas críticas na hora de trabalhar num veículo jornalístico popular? Que pontos, precisamente, criticamos e que cuidados devemos ter na produção de um jornal popular de qualidade? Pretendo que a leitura gere novas ideias para contribuir com a construção dessa prática.

CAPÍTULO I

O sensacionalismo não cabe em si

As controvérsias que cercam os produtos midiáticos populares são muitas. O jornalista que pretende trabalhar na redação de um jornal dirigido para a camada da população das classes B, C e D precisa conhecer a história dessa imprensa para entrar em contato com fórmulas populares que historicamente fazem sucesso e ficar por dentro dos debates e críticas que cercam essas publicações. Necessita também alimentar no cotidiano a função social de seu trabalho para que a atividade jornalística possa ser feita com qualidade e respeito ao público.

JORNALISMO SENSACIONALISTA OU POPULAR

Muitas considerações importantes já foram feitas sobre essa imprensa sob a perspectiva sensacionalista. Por isso, faço uma breve recuperação histórica do sensacionalismo na imprensa. Posteriormente, mapeio alguns equívocos frequentes na reflexão sobre esses jornais e mostro como eles seguem a tendência de deixar as coberturas sanguinolentas de lado e aproximar-se de outro modo dos leitores. Os produtos jornalísticos destinados às classes B, C e D normalmente são condenados ao rótulo de "sensacionalistas". Alguns autores preferem a caracterização "popularesca" para abordar a incorporação de características culturais populares pelos meios de comunicação com o objetivo de obter audiência. Prefiro adotar a expressão "jornalismo popular", menos preconceituosa, para compreender a lógica desses jornais, embora a expressão, muitas vezes, refira-se genuinamente àquele jornalismo praticado em veículos alternativos por comunidades, movimentos sociais ou sindicatos. O título deste livro é, portanto, polêmico. O uso do termo "popular" não é tão difícil de justificar. Afinal, a imprensa que abordo se autointitula popular, e é bem consumida no seu mercado alvo. São jornais baratos, com baixa paginação, vendidos em bancas, que abrigam publicidades de produtos destinados ao público de baixa renda, embora ainda atendam a ínfima parcela da população. Também pressuponho que esse segmento da imprensa se utiliza de elementos culturais historicamente destinados aos setores populares ou produzidos por eles. Mas é importante ficar claro que o termo "popular" não tem o sentido de contra-hegemônico. O "popular" identifica apenas um tipo de imprensa que se define pela sua proximidade e empatia com o público-alvo, por intermédio de algumas mudanças de pontos de vista, pelo tipo de serviço que presta e pela sua conexão com o local e o imediato.

O termo "jornalismo" no título não remete, inteiramente, à atual prática do segmento analisado, como explico nos próximos capítulos. Mas o termo é importante porque esse é o caminho que acredito que os veículos voltados a um público mais popular deveria seguir. Se a imprensa voltada ao público popular existe, incorporar o exercício de um jornalismo de qualidade é ainda o desafio. O discurso é cada vez mais informativo, há uma tentativa de mudança nos pontos de vista das matérias, mas ainda há muito a ser aperfeiçoado.

O SENSACIONALISMO NA HISTÓRIA DA IMPRENSA

Para abordar o segmento de jornais destinado a camadas mais pobres da população, é preciso resgatar o rótulo sensacionalista. O livro do jornalista Danilo Angrimani, *Espreme que sai sangue,* é importante leitura para quem se interessa pelo tema: mostra a história do sensacionalismo e trata dessa linguagem específica que remete ao inconsciente dos consumidores e atende a necessidades psicológicas coletivas. Conforme a pesquisa de Angrimani, o sensacionalismo enraizou-se na imprensa desde seus primórdios. Na França do século XIX, os jornais populares de uma página eram conhecidos como *canards*, termo que significa conto absurdo ou fato não verídico. Os que mais faziam sucesso eram os sensacionalistas que contavam histórias de catástrofes, crianças violentadas e eclipses. Aliás, os primeiros jornais franceses, surgidos entre 1560 e 1631, como *Gazette de France* e *Nouvelles Ordinaires*, eram semelhantes aos jornais sensacionalistas atuais e traziam informações fantásticas que agradavam a todos. Em 1836, dois jornais inauguram de fato a imprensa popular francesa: o *La Presse* e o *Le Siècle*, com seus folhetins sensacionalistas, como mostro mais adiante.

Nos Estados Unidos, o primeiro jornal, surgido em 1690, intitulado *Publick Occurrences*, já tinha características sensacionalistas. Mas foi no final do século XIX que o sensacionalismo se efetivou na imprensa, com a popularização dos jornais por intermédio do aperfeiçoamento das técnicas de impressão, da expansão do telégrafo e das redes de cabos submarinos, do desenvolvimento do telefone e do surgimento dos anúncios. Com o telégrafo, passou a ser possível que o jornal publicasse as notícias do dia. A criação do sistema de ensino público também foi importante para criar um público leitor de jornais.

Muitos jornais, limitados à política, passam a tratar de temas "de interesse humano" como o relato detalhado de feitos reais, crimes e dramas de família. Deixaram os artigos opinativos de lado e buscaram retratar o cotidiano da população. Um jornal que "brilha para todos", destinado "aos mecânicos e às massas em geral", era o *slogan* do jornal americano *New York Sun*, fundado em 1833, que custava um centavo – ou um *penny*. Surge daí a expressão *penny press*. O tédio dos jornais tradicionais foi substituído por notícias sobre assassinatos, incêndios, suicídios e distúrbios de rua. Se antes a imprensa era destinada às classes mais abastadas, o *Sun* passou a atender um público leitor que buscava informações ligadas ao seu cotidiano, relacionadas a dramas de pessoas comuns, a polícia e ao dia a dia nos parlamentos. Todos os episódios sensacionais do cotidiano eram relatados extensamente para assegurar a fidelidade do público.

Outros jornais americanos, como o *New York Herald* (1887), dirigido por James Gordon Bennet, foram acusados de "lepra moral" pelo seu entretenimento barato baseado em histórias de divórcios, estupros, pecados, assassinatos brutais e fofocas sobre sacerdotes.

O marco do jornalismo sensacionalista americano foi a década de 1880, com o lançamento dos jornais de Joseph Pulitzer e William Randolph Hearst: o *New York World* e o *Morning Journal*. Ambos tinham preços baixos e publicavam dramas ilustrados com títulos chamativos. Os jornais utilizavam manchetes escandalosas em corpo tipográfico largo; publicavam notícias sem importância, informações distorcidas; provocavam fraudes de todos os tipos, como falsas entrevistas e histórias e também quadrinhos coloridos e artigos superficiais. Promoviam premiações e sorteios. Os repórteres estavam "a serviço" do consumidor e faziam campanhas contra os abusos sofridos pelas pessoas comuns, numa mistura de assistência social e produção de histórias interessantes. Hearst e Pulitzer lutaram com todos os meios para expandir suas circulações e voltaram-se para truques sensacionalistas, protagonizando uma guerra comercial entre os jornais.

Se você está relacionando o nome Pulitzer com o nome de um dos prêmios mais conhecidos no mundo, não é mera coincidência. Pulitzer, um húngaro naturalizado norte-americano, viria a inspirar a criação do prêmio mais respeitado do jornalismo dos Estados Unidos, o Prêmio Pulitzer, criado em 1917 pela Universidade de Columbia, de Nova York, para destacar trabalhos de excelência nas áreas de jornalismo, teatro, literatura e música. O imigrante europeu Pulitzer deu nome ao prêmio por ter sido um defensor do ensino do jornalismo no meio acadêmico e em 1904, em seu testamento, ter manifestado sua vontade de criar um prêmio que estimulasse o jornalismo e as artes. Pulitzer ofereceu dinheiro para a Universidade de Columbia criar a primeira escola de jornalismo do mundo. A instituição aceitou o dinheiro, mas entre a oferta, em 1892, e a criação, em 1912, outra universidade – a de Missouri – tornou-se precursora.

O *New York World*, encabeçado por Pulitzer em 1883, dirigia-se para os imigrantes e a classe operária. A circulação do jornal subiu de 15 mil para 250 mil exemplares em quatro anos. Pulitzer não dispensava a página editorial, os relatos, as cenas de costumes, os escândalos, o combate à corrupção e os dramas policiais que deveriam servir para fortalecer a influência sobre um público cada vez mais numeroso. *Batizado de sangue* foi a manchete do jornal para noticiar a morte de pedestres pisoteados numa ponte recém-inaugurada. Assassinos iam para cadeia *urrando por misericórdia*. Por serem vendidos em bancas, as capas sempre foram importantes. Pulitzer aperfeiçoou o visual da imprensa popular com o uso de uma manchete principal, muitas vezes em vermelho, e de ilustrações e quadrinhos. Aliás, vem do *New York World* a expressão "jornalismo amarelo" e referia-se inicialmente a um personagem de uma história em quadrinhos que vestia uma camisola amarela.

No Brasil, a expressão "jornalismo amarelo" é substituída por "jornalismo marrom". Há quem diga que a expressão "jornalismo marrom" veio da referência à expressão francesa *impremeur marron* pela qual se conheciam os impressores ilegais do século XIX na Europa. Já o jornalista Alberto Dines afirmou em entrevistas que a expressão ficou generalizada a partir do uso no jornal *Diário da Noite* (RJ) em 1960. Dines, repórter do jornal na época, soube que alguém havia se matado por ter sido chantageado por uma revista de escândalos e fez uma manchete mencionando que a imprensa amarela havia levado um cineasta ao suicídio. Calazans Fernandes, chefe de reportagem, teria alterado a manchete: trocou a expressão "imprensa amarela" por "imprensa marrom", relacionando o marrom à "cor de merda". Desde então, a expressão "jornalismo marrom" é usada no Brasil para designar jornais e revistas de escândalos.

Em 1895, Hearst, o rival de Pulitzer, compra o *New York Journal* e afirma em seus editoriais a preferência do público por entretenimento, conforme o relato do jornalista norte-americano Neal Gabler no livro *Vida, o filme: como o entretenimento conquistou a realidade*. O jornal baseava-se ainda mais em encândalos e sexo. Hearst, que acabou inspirando Orson Welles a fazer o filme *Cidadão Kane*, marco na história do cinema, era conhecido por "melhorar" as notícias.

Essa imprensa estagnou por alguns anos, pressionada pela burguesia americana em função de seus exageros. Em 1919, surge o tabloide norte-americano *Illustrated Daily News*, em Nova York, com características novas, influenciado pelo cinema, apresentando muitas fotografias e histórias dramatizadas. Chegou a alcançar 1 milhão de leitores.

Se nos Estados Unidos o termo "'sensacionalismo'" está relacionado ao movimento de Hearst e Pulitzer no final do século XIX, no Brasil os primeiros elementos de sensacionalismo introduzidos na imprensa foram os folhetins, a partir de 1840.

As palestras da Semana de Estudos da Escola de Comunicações e Artes da Universidade de São Paulo (ECA-USP), ocorridas em 1969, sistematizaram um pouco da história do sensacionalismo na imprensa brasileira. O termo começou a ter repercussão nos artigos de Brito Broca, autor de *A vida literária no Brasil – 1900*, livro sobre as inovações da imprensa brasileira e do escritor Afonso Lima Barreto, que realizou uma comparação entre jornais nas primeiras décadas do século XX.

Os palestrantes desse evento, há mais de trinta anos, já partiam do pressuposto de que todo o processo de comunicação é sensacionalista em si, pois mexe com sensações físicas e psíquicas e apela às emoções primitivas por meio de características místicas, sádicas e monstruosas.

O jornalista Alberto Dines, nessa oportunidade, mostrou que em toda a imprensa ocorre o processo sensacionalista, sendo o próprio lide um recurso desse tipo, por sublinhar os elementos mais palpitantes da história para seduzir o leitor. Nessa época, o jornalista divide, para efeitos didáticos, o sensacionalismo em três grupos: o sensacionalismo gráfico, o sensacionalismo linguístico e o sensacionalismo temático. O gráfico ocorre quando há uma desproporção entre a importância do fato e a ênfase visual; o linguístico é baseado no uso de determinadas palavras; e o temático caracteriza-se pela procura de emoções e sensações sem considerar a responsabilidade social da matéria jornalística.

O QUE FAZ UM JORNAL SER SENSACIONALISTA?

Muitas vezes, o rótulo sensacionalista está ligado aos jornais e programas que privilegiam a cobertura da violência. Entretanto, o sensacionalismo pode ocorrer de várias maneiras. É possível afirmar que todo o jornal é sensacionalista, pois busca prender o leitor para ser lido e, consequentemente, alcançar uma boa tiragem.

O professor Ciro Marcondes Filho, em seu livro *O capital da notícia*, afirma que a informação é sensacionalizada para vender mais jornal e se localiza no âmbito do lazer, como contraposição à opressão social do trabalho. O que diferencia um jornal dito "sensacionalista" de outro dito "sério" é a intensidade. O sensacionalismo é o grau mais radical de mercantilização da informação. Na verdade, vende-se nas manchetes aquilo que a informação interna não irá desenvolver melhor. Marcondes Filho diz que a imprensa sensacionalista repete o modelo clássico do modo liberal de informação, com suas técnicas de manipulação. A prática sensacionalista é também nutriente psíquico, desviante ideológico e descarga de pulsões instintivas. As notícias da imprensa sensacionalista sentimentalizam as questões sociais, criam penalização no lugar de descontentamento e constituem-se num mecanismo reducionista que particulariza os fenômenos sociais.

Em geral, o sensacionalismo está ligado ao exagero; à intensificação, valorização da emoção; à exploração do extraordinário, à valorização de conteúdos descontextualizados; à troca do essencial pelo supérfluo ou pitoresco e inversão do conteúdo pela forma. São muitas as formas de popularização da mídia costumeiramente tratadas sob o rótulo sensacionalista. O sensacionalismo tem servido para caracterizar inúmeras estratégias da mídia em geral, como a superposição do interesse público; a exploração do sofrimento humano; a simplificação; a deformação; a banalização da violência, da sexualidade e do consumo; a ridicularização das pessoas humildes; o mau gosto; a ocultação de fatos públicos relevantes; a fragmentação e descontextualização do fato; o denuncismo; os prejulgamentos e a invasão de privacidade de tanto de pessoas pobres e como de celebridades, entre tantas outras.

O CONCEITO AINDA SERVE?

A noção de sensacionalismo, que por anos pairou como explicação da estratégia dos produtos populares, está agora ultrapassada. Os novos jornais, ampliadores dos índices de leitura em segmentos populares, são fundados em diversas características que devem ser abordadas de maneira não generalista.

O sensacionalismo é um modo de caracterizar essa imprensa, uma maneira de explicar o que ocorria na mídia num determinado momento, mas não é sinônimo de imprensa, revista ou programa popular.

De tão utilizado, o conceito revela características disseminadas na mídia e evidencia constatações hoje consensuais como a de que responde à função catártica (efeito salutar provocado pela conscientização de uma lembrança fortemente emocional e/ou traumatizante, até então reprimida).

O sensacionalismo ficou muito relacionado ao jornalismo que privilegiava a superexposição da violência por intermédio da cobertura policial e da publicação de fotos chocantes, de distorções, de mentiras e da utilização de uma linguagem composta por palavras chulas, gírias e palavrões. Os jornais escandalosos são historicamente recorrentes e o sensacionalismo manifesta-se em vários graus. Caracterizar um jornal como sensacionalista é afirmar, de maneira imprecisa, apenas que ele se dedica a provocar sensações.

Também são vários os rótulos concedidos aos produtos jornalísticos populares, entre eles os de que os produtos revelam apenas mau gosto, distorções e de que se constituem em meras mercadorias. São rótulos com os quais os jornalistas vão se deparar ao trabalhar nesse segmento, pois ainda há grande preconceito com esse tipo de publicação. Vamos analisar as "acusações" mais comuns:

Mau gosto

É preciso deixar de lado a ideia de que os jornais destinados às classes populares revelam apenas degradação e mau gosto, para que seja possível compreender suas estratégias e pensar nas possibilidades de um jornalismo de qualidade destinado a este público. Isto é, os jornalistas precisam manter a postura crítica às práticas condenáveis desses jornais, mas devem também deixar de lado os preconceitos com o universo cultural do leitor desse segmento.

Os jornais moldam seu discurso informativo de acordo com apropriações de características culturais de seus leitores. Isso não os exime de suas responsabilidades éticas, apenas mostra que os jornalistas devem tomar cuidado para separar o que de fato é mau jornalismo daquilo que é efetivamente jornalismo para uma determinada camada social, porém numa linguagem mais simples e chamativa.

Distorções

Muitas vezes, quando um jornal é tachado de sensacionalista, é revelada também uma noção purista e equivocada da atividade jornalística.

A concepção da notícia como espelho dos fatos faz com que os jornais populares sejam considerados tão somente distorção e subentende que só é desejável uma notícia despida de emoção e narração. Muitas críticas ao exagero e às distorções da imprensa popular, pertinentes do ponto de vista ético, caem no outro extremo de imaginar possível uma notícia límpida que faça os fatos transparecerem tal como aconteceram. As notícias não emergem naturalmente do mundo real para o papel, não são o reflexo do que acontece. São um discurso sobre o mundo, redigidas com base em formas narrativas, pautadas por símbolos, estereótipos, clichês e metáforas. Além disso, muitos fatores interferem na produção de uma notícia, que vão desde o posicionamento do jornal, o empenho do jornalista, as pressões do tempo, os constrangimentos organizacionais, as pressões políticas e econômicas, o *status* das fontes e o contexto cultural e econômico do público-alvo, entre outros.

Meras mercadorias

É evidente que todos os jornais, pela necessidade de sobrevivência, se tornaram mercadorias. Os interesses econômicos são centrais na definição dos modos de ser dessa imprensa, mas dizem respeito somente a uma das faces do fenômeno. Além de serem mercadorias, os jornais também produzem sentidos, significações.

Assim, a notícia não é só uma mercadoria, e embora todos os jornais sejam sensacionalistas em alguma medida, não se pode subestimar os demais papéis do jornalismo – como o de produtor de conhecimento e construtor da realidade pública.

A maioria dos jornais impressos populares contorna o estilo "espreme que sai sangue" e, quando utiliza recursos sensacionalistas, aplica-os de outras maneiras – no relato da vida dos famosos e dos injustiçados, na prestação de serviços e no entretenimento. Aliás, muitos estudos restringem-se à relação da imprensa popular com a violência, abordagem que hoje talvez tenha menos força em função da generalização de características populares em várias editorias de diversas mídias.

As práticas abrangidas pela caracterização sensacionalista tanto podem significar o uso de artifícios inaceitáveis para a ética jornalística, como também podem configurar-se numa estratégia de comunicabilidade com seus leitores. Assim, o sensacionalismo abrange diversas estratégias, e é pouco produtivo circunscrevê-las num único conceito. Por isso é mais adequado caracterizar esse segmento da grande imprensa como "popular" e não como sensacionalista.

O jornalismo dedica-se a produzir conhecimentos sobre o cotidiano, e os jornais populares dão visibilidade também aos sentimentos das pessoas sobre o mundo, mas não se resumem mais à produção de sensações com matérias policialescas. Atualmente, os jornais preocupam-se com que o leitor tenha um sentimento de pertencer a determinada comunidade, percebendo que o jornal faz parte do seu mundo.

Assim, o sensacionalismo continua existindo, principalmente por intermédio da exacerbação dos relatos, mas é um conceito que não basta porque é generalista e não dá conta de importantes características dos novos jornais populares.

O JORNAL "DE CAUSA" E O JORNAL "MERCADORIA"

No Brasil, vários jornais marcaram sua história pela relação com os setores populares. Entre esses estão: *Folha da Noite* (São Paulo, 1921-1960), *O Dia* (Rio de Janeiro, 1951 até hoje), *Última Hora* (Rio de Janeiro, 1951-1964), *Luta Democrática* (Rio de Janeiro, 1954-1979) e *Notícias Populares* (São Paulo, 1963-2001). Cada um atuou, a seu modo, como intermediário entre o povo e o governo. Além de fazerem propaganda política e veicularem reivindicações populares, utilizaram-se do sensacionalismo para aproximar-se das classes populares, bem como incorporaram elementos culturais desses setores.

Destaco aqui os jornais *Última Hora* (UH) e *Notícias Populares* (NP), embora outros tenham sido também importante, como é o caso de *O Dia*, publicação ainda editada, mencionada no capítulo seguinte. Tanto o UH como o NP nasceram para defender a posição política de seus donos. O UH era francamente favorável a Getúlio Vargas. Já o NP foi criado por líderes da União Democrática Nacional (UDN), com os mesmos ingredientes do UH (fórmula sexo-crime-sindicato), menos a política tradicional. Surgiu em

1963, com a proposta de ser um jornal anticomunista e tirar as massas do caminho da política.

O UH foi lançado em 1951 no Rio de Janeiro e gerou uma cadeia de jornais em vários estados. Era um jornal populista, uma tribuna de Getúlio Vargas, que se definia como "do povo para o governo". Organizava-se de forma empresarial e promovia concursos, prêmios e promoções diversas para reforçar o vínculo com o leitor. Em seu primeiro número, UH já anunciava a instalação de urnas em diferentes pontos da cidade para receber reclamações, sugestões e denúncias dos leitores. A seção *Fala o Povo* era publicada com base nas sugestões do leitor. E a *Tendinha de Reclamações* ia à praça ouvir o povo. Posteriormente, o UH também criou júris populares para julgar os crimes contra a "economia do povo". Assim, apesar de ser um jornal prioritariamente de causa política, com retórica populista, visava o lucro e utilizava algumas técnicas empresariais.

Com o golpe militar, o UH debilitou-se. O UH de São Paulo foi vendido à dupla Frias de Oliveira e Carlos Caldeira, da empresa Folha da Manhã (atual grupo Folha). Já o jornal de Porto Alegre foi fechado também em 1964 – posteriormente, o periódico foi vendido ao jornalista Ary Carvalho, que o transformou no *Zero Hora*.

O NP, no seu início, não tinha tantos interesses nos resultados econômicos, como nos políticos. Remontando aos jornais sensacionalistas americanos, o NP baseava sua venda nas manchetes, priorizava os acontecimentos dos bairros e, aos poucos, passou a dedicar grande espaço para as editorias de polícia e de esportes. Entre suas inovações, estavam a cobertura da vida de artistas e da economia popular. Seu objetivo era tomar o leitor de UH e fazer a cobertura do cotidiano paulista. Mas, com o golpe militar, não era necessário manter como arma política um jornal que dava prejuízo; assim, o jornal modificou-se.

O NP, com sua organização empresarial frágil, foi vendido ao mesmo grupo que comprara a UH: a *Folha da Manhã*. Daí em diante foi adquirindo uma cara popular: polícia, esporte, mulheres e matérias sobre sexo.

Em 1971, o jornal ganhou um tom cômico e debochado. As doses de crime e sexo foram exageradas para que o jornal voltasse a ter boa circulação. Foi o grande período policial do jornal, que justifica o bordão "espreme que sai sangue". Nessa época, houve também o famoso caso do bebê-diabo, quase um romance folhetim interativo, um retorno à literatura de cordel que os migrantes liam em suas cidades. No NP, com o tempo, todas as minorias esquecidas pela imprensa passaram a ter espaço nas colunas, como a destinada aos nordestinos, intitulada *Notícias para os conterrâneos*. Algumas manchetes do NP podem nos dar a ideia da linguagem do jornal:

Nós vimos o bebê-diabo (16/5/1975)
Mulher mais bonita do Brasil é homem (31/5/1984)
Churrasco de vagina no rodízio do sexo (14/6/1990)
Aumento de merda na poupança (15/5/1990)
O povo adora o pequeno menino ET (10/5/1990)
Sepultura esmaga boy na orgia do cemitério (30/5/1997)
É o penta que partiu (13/7/1998)
Todo santo dia é dia de chacina (8/9/1999)
Eu transei com o Ronaldo na 5ª feira (23/6/2000)

Na década de 1990, o jornal já havia mudado bastante, com ênfase nos serviços e na economia popular, mas continuava a ser sensacionalista, embora as matérias inventadas ou de caráter duvidoso tenham sido progressivamente proibidas. Depois, a publicação passa a ser pautada também pelas manias e pelos modismos da televisão, e o binômio "sexo e fofocas" torna-se prioridade.

Aos poucos, o leitor começou a renegar os exageros do jornal e preferir reportagens de serviço, tornando-se a publicação porta-voz do povo com editoriais contra a corrupção, cobertura de eleições com pregação do voto consciente e prestação de serviços (seções de direitos trabalhistas, saúde e sexo).

Em 1998, as Organizações Globo lançam o jornal *Extra* no Rio de Janeiro e o Grupo Folha decide criar o *Agora São Paulo*. O NP, em concorrência com o *Agora*, abordava economia popular, cidade, esporte e fofocas televisivas, mas acaba sendo abandonado pelo Grupo Folha. Trecho do editorial da última edição do NP em 20 de janeiro de 2001 afirmava: " o projeto editorial do NP, baseado na denúncia da violência na periferia da Grande São Paulo, nas informações sobre sexo e nas fotos de mulheres em poses provocantes, é hoje ultrapassado para um jornal impresso". O grupo anuncia o fim do NP e pede aos leitores que passem a ler o *Agora São Paulo.*

Outros jornais adotaram o estilo NP, como foi o caso do carioca *Luta,* surgido após a extinção do jornal *Luta Democrática,* de Tenório Cavalcanti, um político nacionalista. *Luta* era dirigido fundamentalmente à Baixada Fluminense, no Rio de Janeiro. Como manchetes, alguns exemplos de junho de 1981:

Bandido morreu sentado na boneca
Ginecologista só gostava de xavasca nova
Don Juan morreu por amar em exagero
Queimado o piu piu do cadáver
Sapatão leva pau no ônibus

Na atualidade, esse tipo de manchete só é encontrado em alguns pequenos jornais como O *Diário do Litoral,* conhecido como *Diarinho,* uma publicação escrachada, sem repercussão nacional, que tem uma tiragem em torno de 9 mil exemplares, editada há 26 anos no Vale do Itajaí, em Santa Catarina:

Mulher de delegado flagra tarado com pinto de fora no banheiro das mulheres do mercado (15/1/2003)
Beatas denunciam que padre foi pro México com grana da paróquia (21/1/2003)
Mandou mensagem para avisar que ia matar amigo – Polícia já sabe quem matou Aritana: foi o cara da foto (18/9/2005)
Traficante Dengo Dengo esconde grana da droga na calcinha (16/8/2005)

Jornais como o *Diário do Litoral* são exceções, pois em geral a imprensa popular vem descobrindo outro caminho para aproximar-se da maioria da população e utiliza-se de muitos outros recursos para atrair o público popular, como pode ser visto no capítulo seguinte.

CAPÍTULO II

A redescoberta de um segmento

Contextualizo alguns jornais significativos desse segmento, com base em visitas aos seus sites, de conversas com alguns editores e jornalistas e da observação de seus exemplares. Mas para não ficar circunscrita à imprensa, menciono, mesmo que brevemente, o que vem acontecendo com alguns programas televisivos populares, cujas características sensacionalistas vêm perdendo lugar, e também com o mercado de revistas, que aprofundou sua inserção entre o segmento popular feminino.

JORNAIS: NEM SÓ SEXO, NEM SÓ SANGUE

Nos últimos anos, os jornais destinados a um segmento de público mais popular reconfiguraram-se de outra forma. Nem se dirigem prioritariamente pelos interesses políticos, como era o caso do *Última Hora*, nem apelam de forma tão incisiva ao recurso do sensacionalismo, como o *Notícias Populares* Há uma maior aproximação com o leitor por intermédio de outras estratégias, como a prestação de serviços e o entretenimento. Mas, atenção: esse reposicionamento dos jornais populares não é sinônimo de qualidade. A cobertura jornalística tem uma importância maior, embora não seja nos mesmo padrões dos jornais de referência.

Considero jornais de referência os grandes jornais consagrados economicamente e politicamente ao longo da história, que dispõem de prestígio no país e são dirigidos às classes A e B. Os jornais de referência são também conhecidos como *quality papers* (jornais de qualidade) e considerados veículos de credibilidade entre os formadores de opinião. As palavras que os próprios jornais usam em seus anúncios já apontam para sua orientação editorial. O projeto da *Folha de S.Paulo*, por exemplo, dispõe que o jornal deve primar pelo pluralismo, apartidarismo, jornalismo crítico e independência. Dados sobre o jornal mostram que 47% dos seus leitores cursaram faculdade e 13% fizeram cursos de pós-graduação; 53% têm renda individual até 15 salários mínimos e 35% têm renda acima de 30 salários mínimos. (Fonte: Perfil do leitor 2000/Datafolha.) Já jornais mais populares como o *Diário Gaúcho* têm entre seus preceitos editoriais a facilidade de leitura, identificação, interatividade, emoção, serviço e diversão e destina-se abertamente a um público leitor de renda baixa e pouca escolaridade. O fato de necessitarem sobreviver mercadologicamente entre um público de baixa escolaridade e pouco hábito de leitura demanda dos jornais grande aproximação com os leitores. Para isso, são utilizados recursos que provocam um distanciamento gráfico, linguístico e temático da imprensa conhecida como de qualidade ou de referência.

Desde os anos 1980, a imprensa vem passando por uma transformação em que a tecnologia foi decisiva. Muitas estratégias de marketing são adotadas para baixar os custos com equipamentos. O público leitor passa a ser visto como consumidor. Surge a distribuição de brindes e fica estabelecida a "ditadura do leitor". A utilidade social da mídia é considerada uma estratégia de busca de mais leitores e, consequentemente, de mais lucro.

No entanto, a necessidade de aumentar a circulação sobrepõe-se muitas vezes à de exercer o papel social da imprensa e, portanto, o suposto "interesse do leitor" fica acima do interesse público. São textos curtos, com muita prestação de serviço e entretenimento. Por terem de aproximar-se de uma camada de público com baixo poder aquisitivo e pouco hábito de leitura, os jornais, muitas vezes, transformam-se em mercadorias em todos os sentidos. Com frequência deixam o bom jornalismo de lado para simplesmente agradarem ao leitor, em vez de buscarem novos padrões de jornalismo que reforcem os compromissos sociais com a população de renda mais baixa. Muitas vezes, optam por agregar valor às notícias e reportagens e rendem-se totalmente às estratégias de marketing como a distribuição de brindes e a ênfase no entretenimento e fofocas televisivas. Alguns jornais caracterizam-se ainda pelo seu assistencialismo, pela ideia de que o leitor popular não se interessa pelos temas políticos e econômicos e por uma relação demagógica e/ou populista com o leitor.

Muitos jornais, além do *Agora São Paulo* e do *Extra*, voltados ao consumidor de menor poder aquisitivo, surgiram após 1997: *Folha de Pernambuco* (PE), *Primeira Hora* (MS), *Notícia Agora* (ES), *Expresso Popular* (SP), *Diário Gaúcho* (RS). Outros mais tradicionais conseguem sobreviver nesse mercado, como é o caso de *O Dia* (RJ – 1951 até hoje), a *Tribuna do Paraná* (PR – 1956 até hoje), *Jornal da Tarde* (SP – fundado em 1966, com recente orientação popular) e *Diário do Litoral* (SC – 1979 até hoje). *Diário de S. Paulo* (SP) é o novo nome do tradicional Diário Popular, que entra em seu 123º ano de publicação. Belo Horizonte conta com dois jornais de perfil mais popular: *Super Notícia* e o *Aqui!*. O *Aqui!* foi lançado pelos Diários Associados em 2005 ao preço de R$ 0,25, destinado às classes C e D. O preço agressivo fez com que o concorrente *Super Notícia*, da editora O Tempo, editado desde 2002, baixasse seu preço de R$ 0,50 para R$ 0,25. É um mercado em expansão. No início de 2006, os Diários Associados lançaram em Brasília o *Aqui DF*, destinado ao público das cidades-satélites.

O surgimento desse novo grupo de jornais não aconteceu somente no Brasil. Muitos jornais latino-americanos e europeus seguem uma nova ordem e abrem novos mercados de leitores, pois não competem com a imprensa tradicional. A maioria vende exemplares avulsos, tem preços muito baixos, é editada em poucas páginas, destina publicidades ao grande público, depende da estrutura de uma grande editora e não aposta em sexo e escândalos.

Grandes grupos de comunicação detentores de redes de jornal, rádio e TV têm apostado no segmento popular, como é o caso do Grupo Folha de S. Paulo (*Agora São Paulo*), da Infoglobo (*Extra* e *Diário de S. Paulo*), do Grupo Estado (*Jornal da Tarde*) e da Rede Brasil Sul (*Diário Gaúcho*). Conforme dados do Instituto de Verificação de Circulação (IVC), uma empresa sem fins lucrativos que tem por objetivo proporcionar autenticidade às circulações de publicações, entre os maiores jornais brasileiros em circulação em 2004 e 2005, estão três jornais populares: *Extra*, *O Dia* e *Diário Gaúcho*, como se pode observar na tabela.

Circulação média diária dos jornais de maior circulação.

Jornais de maior circulação em 2005	Circulação 2005(000)	Editora	Circulação 2004(000)
Folha de S.Paulo	307.937	Empresa Folha da Manhã	307.703
O Globo	274.934	Infloglobo Comunicações Ltda.	257.451
Extra	272.015	Infoglobo Comunicações Ltda.	243.357
O Estado de S. Paulo	230.859	S/A O Estado de S. Paulo	233.471
Zero Hora	178.234	Zero Hora Editora Jornalística S/A	180.367
Correio do Povo	167.723	Empresa jornalística Caldas Júnior	176.377
Diário Gaúcho	152.495	Zero Hora Editora Jornalística S/A	137.947
O Dia	152.277	Editora O Dia S/A	171.195
Lance!	116.478	Arete Editorial S/A	86.685
Agora São Paulo	80.574	Empresa Folha da Manhã	80.249
Gazeta Mercantil	74.357	Editora JB S/A	88.597
Estado de Minas	73.932	Diários Associados	71.847
Meia Hora	73.399	Editora O Dia S/A	———
Diário de S.Paulo	72.782	Infloglobo Comunicações Ltda.	78.918
Jornal do Brasil	68.166	Grupo Jornal do Brasil	75.778
Jornal da Tarde	57.951	S/A O Estado de S. Paulo	61.653

Fonte: Instituto Verificador de Circulação (IVC).

Conforme o IVC, em 2004, do conjunto de jornais auditados, 39% eram vendidos de forma avulsa (bancas, pontos de venda e jornaleiros) e 61% por assinaturas. Os jornais mais populares optam pela venda em banca em função do baixo poder aquisitivo dos leitores e das dificuldades de distribuição do jornal em bairros e vilas distantes. Pelo fato de serem vendidos em bancas, sua circulação é mais suscetível a promoções (sorteios e brindes), à cobertura de determinado fato ou ao momento esportivo, especialmente do futebol.

O presidente da Associação Nacional de Jornais, Nelson Sirotsky, no texto de introdução da pesquisa *A diferença do jornal na vida dos brasileiros* (Ibope, 2005) afirma que há um crescimento da indústria de jornais e aumento na circulação dos jornais auditados pelo IVC em torno de 5% até agosto de 2005.

Ricardo Costa, diretor-geral do IVC, afirma que a ampliação do mercado de jornais populares começou com a conquista de novos leitores para *O Dia* e com o lançamento do *Extra*. A partir do *Extra*, um sucesso de circulação, uma série de outras empresas desenvolveram projetos populares. Para Costa, o índice de leitura significativo no Rio de Janeiro talvez deva-se ao fato de o estado ter trabalhado melhor o mercado popular. Os jornais do Rio de Janeiro, principalmente os dos segmentos mais populares, tiveram um histórico muito ativo com ações promocionais, como: cartelas de jogos encartadas nos jornais, cupons para retirada de livros grátis, entre outras estratégias, o que contribuiu para o crescimento das circulações. Para termos uma ideia, O *Meia Hora*, lançado também no Rio em 2005, em novembro do mesmo ano já tinha tiragem de mais de 70 mil exemplares nos dias úteis.

Houve um crescimento no número de leitores de jornal, mas é um mercado dependente de muitas variáveis, pois o jornal é um produto de alta sensibilidade em relação ao preço e à situação econômica do país. Costa afirma que em 1994, por exemplo, com o Plano Real, o meio jornal cresceu. A partir de 2004, houve também melhora na conjuntura econômica que refletiu favoravelmente no mercado de jornais. No caso dos jornais populares, a situação do país é ainda mais relevante, pois seu público é mais suscetível aos problemas econômicos.

O diretor-geral do IVC avalia que, embora o cenário para o meio jornal não seja muito promissor internacionalmente, sobretudo em função da queda de circulação gerada pela internet nos países desenvolvidos, no Brasil a perspectiva é boa, pois os índices de leitura estão bem aquém dos índices dos países desenvolvidos.

O crescimento dos jornais populares também agitou outro mercado: o de brindes. Há um intercâmbio de empresas de mercados jornalísticos diferentes, que acaba gerando negócios diversos, especialmente com os produtos agregados. Os brindes têm impacto na circulação dos jornais. Para o editor e diretor de redação do *Extra*, Bruno Thys, os brindes têm o objetivo de fidelizar os leitores. Com eles, sejam panelas, enciclopédias ou cursos, os jornais aumentam a circulação, pagam o custo do brinde e ao final, parte do público fica fiel ao jornal. No *Diário Gaúcho*, por exemplo, 30% das pessoas que compram o jornal buscam os presentes, e na avaliação da RBS, sem os brindes, a tiragem teria uma queda de 20%.

Se a circulação dos jornais for avaliada ao longo dos últimos anos, é possível perceber o crescimento do *Extra* e a queda do tradicional *O Dia*. O *Extra* estava em terceiro lugar em circulação média diária em 2001, em segundo lugar em 2002, em quarto em 2003 e voltou a subir para o terceiro em 2004. O jornal *O Dia*, que estava em quinto lugar desde 2001, caiu para sétimo em 2004 e para oitavo em 2005. Já o *Diário Gaúcho* se mantém em oitavo lugar em circulação desde 2001 e sobe para sétimo em 2005. O jornal *Lance!*, voltado aos esportes, também aumentou sua circulação.

A seguir, breve contextualização dos principais jornais do segmento.

O Dia

O jornal é um marco na imprensa do Rio de Janeiro. Surgiu em 1951, destinado população de baixa renda. Tratava de desastres, escândalos, crimes, tragédias e misticismo, do ponto de vista dramático, cômico, trágico ou macabro, com manchetes sensacionalistas como *Matou a amante a pancadas e foi dormir* ou *Fuzilado no carro: saía do motel com a madrinha*. A publicação também sustentava politicamente o jornalista Antonio Chagas Freitas, eleito deputado federal e depois, governador do estado duas vezes consecutivas. A fórmula do jornal era "cadáver, macumba e sexo, com manchetes dramáticas e sensacionais:

- *Seduzida a menor pelo patrão*
- *Ajudada pelos filhos, cortou o marido em 20 pedaços*
- *Matou-se o capitão: viuvez e fracasso nas segundas núpcias*

Muitas reivindicações populares relacionadas às condições de vida nos subúrbios e favelas marcam a história do jornal. Versos populares, no estilo repentista, eram publicados na capa e, assim como a *Última Hora*, o jornal também investia em prêmios, especialmente os de grande porte, como apartamentos.

Adquirido pelo jornalista Ary Carvalho em 1983, começou a desvincular-se de sua imagem populista e sanguinária. A partir de 1989, reposicionou-se mercadologicamente com a proposta de ser um jornal popular de qualidade, com a intenção de ganhar novos leitores sem perder os antigos. Passou a ser um jornal definido como "aquele que o trabalhador pode levar para casa". Acabaram-se as grandes manchetes policiais. Para entrar na nova fase, usou campanhas publicitárias como a que mostrava cariocas famosos lendo o jornal e o mote era *"Você já viu quem está lendo O Dia?"*. Nessa época, o jornal *A Notícia*, da mesma empresa, assume o papel mais sensacionalista.

O Dia inovou no mercado carioca na década de 1990 ao criar as edições e os cadernos regionais e apostar na infografia. Um dos cadernos que marcaram a recente história do jornal foi destinado à Baixada Fluminense, com uma política editorial sem ênfase na cobertura da violência. *O Dia* é um marco na imprensa brasileira, pois serviu como exemplo para difusão de jornais populares em várias praças do Brasil.

Entre as editorias, estão: *Nosso Rio*, *O Dia de olho para você – o que vai pela economia, política, Brasil* e *Mundo*. O jornal também tem colunas como a *Vipt Vupt* (mulheres seminuas e notas sobre personalidades e fofocas da televisão) e *Viva mais e melhor* e *Telenotícias*. Há ainda os cadernos *Ataque, Empregos, Automania* e *D* (cultura, diversão e estilo de vida), as revistas *Tudo de bom* (comportamento, TV, cultura, lazer, moda, saúde) e o *Guia de shows e lazer*. *O Dia* abriga também colunas destinadas a informações sobre o serviço público, vagas em concursos e empregos. A cobertura de polícia é diluída pelo jornal. Também há espaços como *Cartas na mesa* e o *Clic do leitor*, destinados a publicar opiniões de leitores e flagrantes de problemas nos bairros.

A queda de tiragem provavelmente se justifique por um desgaste da marca, proporcionado pelo abandono dos leitores que o fizeram crescer, em especial os da Baixada Fluminense e da Zona Oeste do Rio. É provável que tenha adotado uma estratégia equivocada de competir com *O Globo*, que fez as vendas de *O Dia* despencarem ainda mais. Mas o espaço de *O Dia* foi ocupado pelo *Extra*. O jornal *Meia Hora*, lançado pela empresa em 2005, fica destinado a cobrir o público leitor de menor poder aquisitivo e está recuperando parte desse espaço, mas dificilmente oferecerá conteúdo com a qualidade que *O Dia* ofereceu e, de vez em quando, ainda oferece. Talvez fique definido como um "popular de gravata, o que tem lhe rendido certa "crise de identidade, apontada como causa da sua queda de circulação.

A partir de abril de 2006, *O Dia* passa a dedicar-se preferencialmente ao público classe B e, para isso, conta com novo projeto editorial e gráfico, que prevê muita cor, textos sintéticos e colunas com novos titulares, numa linguagem carioca. Se *O Dia* disputará os leitores de *O Globo*, não se sabe, mas são veículos cujas estruturas são muito diferentes e para que *O Dia* também faça uma cobertura nacional, terá de investir muito na cobertura nacional. É provável que o jornal fique posicionado entre *O Globo* e o *Extra*.

O jornal baseia-se em informação, serviço e entretenimento. Nos dias de semana, dedica-se a veicular informações mais simples, e nos domingos procura priorizar análises, entrevistas, matérias elaboradas e mais entretenimento. Destinado até 2005 às classes B e C, anunciava-se como um periódico bem-humorado e útil, responsável e consequente.

Extra

O jornal *Extra*, do Rio de Janeiro, é publicado pela Infoglobo e surgiu em 1998. Muitas vezes, lidera o *ranking* nacional nos domingos, com a média de vendas de 428 mil exemplares (dado de julho de 2005). Ultrapassa seguidamente o jornal *O Globo*, carro-chefe da empresa, e a *Folha de S.Paulo*, jornal de maior circulação do país em média diária de vendas. O *Extra*, rapidamente, também suplantou o histórico *O Dia* no posto de jornal popular mais lido no Rio de Janeiro. Tem uma força de venda muito grande pela estrutura da Infoglobo e apoio dos sistemas de rádio e televisão. O aumento de circulação também é atribuído à prática da distribuição de pequenos brindes.

O diretor de redação e editor Bruno Thys informa que a primeira receita do jornal ainda é a circulação, mas avalia que o veículo ainda tem muita margem para crescer na área comercial.

Conforme pesquisa do Instituto de Pesquisa Marplan no primeiro trimestre de 2005, o jornal tem 6% dos seus leitores na classe A, 33% na classe B, 44% na classe C e 17% nas classes D e E.

O *Extra* tem por princpio fazer um jornalismo com os mesmos fundamentos dos jornais de referência, apenas com uma mudança de linguagem, mais simples e didática. Entretanto, a prática é diferente. Pois o jornal privilegia a cobertura de esporte, polícia, lazer (fofocas) e serviço, temas que o diferenciam dos jornais de referência.

Conforme Thys, o jornal tem a intenção de ser essencial à vida do leitor e não aliená-lo. Cobre a política que interfere no dia a dia do leitor, mas deixa de lado o cotidiano do Congresso Nacional. A escolha das fontes abrange também associações representativas. A cobertura de internacional é mais geral e há a utilização de muitos recursos gráficos para contar os fatos de forma didática. As matérias partem do particular para o geral.

A interatividade com o leitor é forte, tanto pela proposição de pautas quanto pelas consultas nas diversas colunas que respondem dúvidas sobre, por exemplo, legislação trabalhista e direito do consumidor e em colunas como *Receita Econômica* e *Tira-dúvidas* (de português). A página *Carta Branca* também destina-se às reclamações, críticas, perguntas, fotos e elogios dos leitores.

A publicação considera a TV aberta como a principal atividade de lazer do país; por isso, costuma dar cobertura aos assuntos ligados a esse universo. Aliás, a autorreferência é bastante comum nesse segmento. A capa tem uma "voltagem um pouco maior que dos jornais de referência, ou seja, mais sedutora e um tanto apelativa. O jornal evita cadáveres, mas utiliza mulheres bonitas e fofocas como recursos para chamar a atenção.

O jornal que você escolheu, só podia mesmo falar a sua língua diz um dos *slogans* publicitários da publicação, que se autodefine como um jornal popular de qualidade com ênfase em serviço. Algumas de suas reportagens tiveram repercussão no país inteiro, como o caso da matéria sobre a aposentada de 80 anos que filmou por quase dois anos da sua janela a rotina de um ponto de venda de drogas em Copacabana. Suas imagens possibilitaram a prisão de traficantes e policiais militares envolvidos com o tráfico.

O jornal opta por prestar serviço ao leitor e aproveita bastante as pautas ligadas ao funcionalismo público. Organiza-se em editorias como *Geral, Internacional, Economia, Retrato da Vida* (matérias sobre programas e artistas de televisão), *País, Viva Mais* e *Tudo de Graça*. Dispõe dos cadernos *Sessão Extra* (televisão, cinema, show, vida moderna), *Bem Viver* (voltado para a família.) e *Jogo Extra*, do suplemento *Vida Ganha*, que orienta o público em relação ao mercado de trabalho, e da revista dominical *Canal Extra*. As notícias de polícia ficam diluídas no jornal.

Diário Gaúcho

O *Diário Gaúcho* foi lançado em 2000 na Grande Porto Alegre pela Rede Brasil Sul (RBS). Em termos de circulação, é maior do que qualquer jornal popular paulista, e só perde em circulação nos dias úteis para o carioca *Extra*. Não pode ser comparado com *O Dia* ou o *Extra*, pelo seu tom mais popularesco. Com ele, a RBS descobriu um mundo que só atingia com sua rádio popular, a Farroupilha. O jornal afirma em seu material promocional que o veículo foi criado "com o propósito de levar dignidade e diversão ao seu leitor. Grande parte do jornal busca o vínculo com as pessoas do povo. Os leitores são, preferencialmente, das classes B, C e D e constituem-se na fonte principal de informação. As pautas prioritárias são a cobertura do atendimento à saúde, do mercado de trabalho e da segurança pública. O jornal é polêmico pelo seu assistencialismo e populismo, pelos textos pequenos e pelo fato de deixar seus leitores longe de vários debates nacionais importantes. O DG também faz ampla cobertura da televisão brasileira e dos demais veículos da RBS, especialmente a Rádio Farroupilha.

O jornal apresenta-se em formato tabloide, e assim como a maioria dos jornais populares, tem como uma de suas estratégias a realização de promoções, como a intitulada *Junte e ganhe*. A promoção possibilita que o leitor vá juntando selos publicados na capa, reúna-os numa cartela e troque-a por brindes.

Em sua origem, o jornal foi definido como uma publicação que se destina a um casal com filhos de 8 a 12 anos, o pai vigilante, a mãe faxineira, de renda de R$ 1.200,00, que querem uma vida boa e digna para as crianças, preocupa-se com segurança, educação, moral, abuso sexual, diversão barata e médico para os filhos. A meta do jornal é mostrar maneiras de melhorar a vida da família desse segmento social.

O *Diário Gaúcho* criou uma fórmula própria de tratar do mundo do leitor, diferentemente dos demais jornais. Cede um espaço específico à fala do seu leitor, com um tom frequentemente demagógico e desloca-se bastante do jornalismo, ao priorizar o entretenimento e o assistencialismo. Desde seu surgimento, tem uma página intitulada *Seu problema é nosso*, que publica em rodízio subseções como: *Disque notícias, Meu sonho é, Clique do leitor, Casos de outro mundo, Convide a gente, Arte do leitor, Onde anda você, Poema do leitor, Fui, vi e gostei* e *Pede-se providência*. Também disponibiliza a seção de cartas *Fala, leitor*, a enquete *Opinião do povo* e a coluna *Meu jornal*, que resume reclamações diversas do leitor. As outras editorias são mais parecidas com os demais jornais, como: *Bom dia!* (prestação de serviço), *Jogo total* (futebol), *Divirta-se, Retratos da fama* (fotos e notícias de artistas e programas de televisão, que ocupa as duas páginas centrais), *Espaço do trabalhador* (oportunidades de emprego) e *Ronda policial*.

O jornal é tema de um estudo de caso apresentado no capítulo "Um caso: o *penny press* gaúcho".

Agora São Paulo

Propriedade do Grupo Folha da Manhã, o mesmo que edita a *Folha de S.Paulo*, o *Agora São Paulo* busca produzir desde 1999 em São Paulo um jornal de estilo semelhante ao *Extra*, do Rio de Janeiro. Conforme o editorial do último número do *Notícias Populares*, que chamava os leitores a lerem o *Agora São Paulo*, a proposta é um jornal com visual moderno, noticiário atualizado, promoções e preço acessível, com completa cobertura esportiva, tudo sobre a vida dos artistas e o que acontece na TV, além das principais notícias que interferem no dia a dia do leitor, numa linguagem muito fácil de entender. Os textos são curtos e a linguagem direta. Evidentemente, também utiliza-se dos recursos dos brindes. Em 2002, chegou a distribuir medalhas de Santo Expedito, acompanhadas de oração, novena e um caderno especial sobre o santo. O *Agora* é dirigido para as classes B, C e D, fundamentalmente trabalhadores, aposentados, taxistas, seguranças, servidores públicos, donas de casa e pequenos comerciantes. O editor-geral Luiz Carlos Duarte afirma que o jornal escreve para pessoas do povo e não para formadores de opinião. Busca atender às necessidades dos leitores com prestação de serviço, clareza, didatismo e informação, com o cuidado de não descambar para a gíria e a linguagem chula. Foge do binômio sexo e crime. O noticiário de polícia permanece importante, mas de maneira menos apelativa, sem cadáveres. Entretanto, prioriza a editoria que trata de informações sobre as celebridades e os programas de televisão, que ocupa toda a página dois. O espaço para mulheres bonitas fotografadas em cenários sedutores também é garantido. O jornal afirma valorizar mais a cobrança das autoridades sobre a segurança pública, fiscalizar o abuso policial, a corrupção e cuidar do drama das vítimas. Busca orientar o leitor a enfrentar as burocracias do cotidiano, a defender seus direitos e a fiscalizar a qualidade dos serviços públicos.

Suas editorias são: *São Paulo, Grana, Trabalho, Dicas, Defesa do cidadão, Polícia, Brasil* e os cadernos *Vencer, Show!, Máquina* e a *Revista da hora*, suplemento em formato de guia voltado para reportagens de entretenimento, comportamento e prestação de serviços.

Diário de S.Paulo e Jornal da Tarde

Em São Paulo, o mercado de jornais é mais segmentado e os veículos têm um perfil um pouco mais sisudo, diferente, por exemplo, do *Extra*, de *O Dia* e do *Diário Gaúcho*. Além do *Agora*, há outros jornais de menor circulação, como o *Diário de S.Paulo* e o *Jornal da Tarde*, que também buscam um público de menor renda e priorizam a cobertura da região metropolitana. O *Diário de S.Paulo*, herdeiro do centenário *Diário Popular*, foi comprado em 2001 pelas Organizações Globo. Reformulado, desde então passou a ser publicado com o nome atual. Baseia-se fundamentalmente em esporte, entretenimento e prestação de serviço. O perfil do leitor no primeiro trimestre de 2005 foi de 12% da classe A, 61% da classe B, 20% da classe C e 7% das classes D e E.

O *Jornal da Tarde*, de propriedade de *O Estado de S. Paulo*, surgiu em 1966 como uma proposta de vanguarda, com estilo próprio, vibrante e irreverente. Era um jornal vespertino, dirigido a um público interessado num texto menos enfadonho e mais crítico, com um planejamento gráfico inovador. Criou o conceito de capa-pôster ou capa-cartaz. Tinha uma programação visual ousada e consagrou-se com as capas da campanha por eleições diretas para presidente da República em 1984. No último comício pelas eleições diretas em São Paulo, a capa foi uma foto do comício, sem manchete, título ou texto. Após a rejeição da emenda constitucional pelas Diretas, por parte da Câmara dos Deputados, a capa do JT foi uma grande mancha preta com uma legenda: *O País inteiro está decepcionado*. Mas o modelo desgastou-se, e depois de uma longa crise do título – e do Grupo Estado como um todo –, os gestores da empresa decidiram, a partir de 2003, dar uma nova direção para o jornal. A opção foi pelo modelo "popular de qualidade", afirma o editor-executivo do JT, Fernando Leal Fernandes Jr., por um jornal de massa, mas não popularesco, com uma aposta forte na cobertura da região metropolitana de São Paulo e de serviços à população. Para que seja possível constatar essa opção, basta ver a diferença das manchetes e chamadas de capa de *O Estado de S. Paulo* para o *Jornal da Tarde*, dois jornais da mesma empresa, no dia 17 de março de 2006:

Estado de S. Paulo	Jornal da Tarde
Manchete: Supremo para CPI, abre crise e Lula diz que Palocci não sai	**Manchete:** Perdão aos devedores do IPTU já vai começar
Chamadas de capa: – Dólar baixo faz produtor se transformar em importador – Iraque: o maior ataque aéreo – Queda de juros deve continuar de forma lenta, indica Copom – Multa e juro por IPTU atrasado terão desconto	**Chamadas de capa:** – A maior indenização trabalhista do país: R$ 52,7 mi/É o resultado de uma briga entre bacanas [...] – Presa por roubar manteiga terá ajuda da OAB – Estação de trem da USP Leste ficará para 2007

Na capa, a foto principal, de ótima qualidade, intitula-se Cena Paulistana e mostra um ferreiro que se dedica a trocar as ferraduras de cavalos. A legenda conta que ele provavelmente terá de mudar de profissão em função da lei aprovada na Câmara de Vereadores de São Paulo, que proíbe a circulação de cavalos e carroças pela cidade. A opção por abordar as pautas da região metropolitana mostram a inclinação do jornal para um público mais popular, menos preocupado com o contexto nacional.

Novos tabloides no Rio de Janeiro

O Brasil está acompanhando uma tendência mundial de lançar jornais mais compactos no estilo do *20 Minutos* e o *Metro* na Espanha (também editado em outros 16 países), que alcançam mais de 3 milhões de leitores diariamente. Três novos jornais nesses moldes foram lançados em 2005 e 2006, todos no Rio de Janeiro: o *Meia Hora*, o *Q!* e o *Expresso da Informação*. A diferença dos jornais brasileiros para os espanhóis é que os nossos veículos pretendem alcançar um público mais popular e não são gratuitos.

O *Meia Hora* é ligado ao grupo *O Dia*. Trata-se de um tabloide popular de preço baixo. Tem de 32 a 44 páginas, é matutino e tem como objetivo ser útil, interativo e moderno e se diz companheiro do leitor. É destinado às classes C e D e concorre com o *Extra*. Aliás, tem uma tipologia parecida com o *Extra* e, assim como ele, usa as cores do Flamengo (vermelho e preto). Grande parte do noticiário é retirada de *O Dia*. A proposta é publicar notícias sobre cidades, polícia, esportes, utilidade pública, oportunidades e entretenimento em textos curtos e numa linguagem direta e simples. Suas editorias são *Serviço, Geral, Voz do povo, Polícia, Esporte, Saúde, De tudo um pouco* e *Tecnologia e Mundo*. Algumas páginas são destinadas a fofocas do "mundo dos artistas" e outras são dedicadas ao *Jornal da FM O Dia*, e contém testes de conhecimento sobre assuntos diversos, piadas, promoções, programação da rádio e agenda. Seu *slogan* é *Nunca foi tão fácil ler jornal*. O periódico tem como público um segmento, identificado em pesquisa, que não tem recursos e/ou tempo disponíveis para ler jornal.

O *Q!*, também tabloide, foi idealizado pela empresária Ariane Carvalho, herdeira de *O Dia* que está afastada da administração da empresa, e tinha como sócios Mídia1 Comunicação e a empresa Foco Investimentos. O jornal surgiu no final de 2005 e em janeiro de 2006 já havia deixado temporariamente de circular em função da falta de investidores interessados no projeto e da falta de anúncios. Era vespertino, distribuído às 17 horas por motoboys a entregadores nos pontos de maior fluxo do Rio, como terminais rodoviários, estações de metrô, shopping centers e universidades e em grandes concentrações como engarrafamentos.

Vale mencioná-lo pela iniciativa de contar com estagiários pertencentes a organizações não governamentais e a comunidades carentes, como é o caso dos alunos da Escola Popular de Comunicação Crítica, ligada ao Observatório de Favelas. Os jovens estudantes traziam para o jornal pautas que em outras situações só seriam conhecidas por intermédio das informações da polícia. Possuía de 24 a 32 páginas, com muitas fotos, textos curtos e um planejamento visual diferenciado, mais jovem e arejado, "para ser lido em movimento". Contava com as editorias de *Cidade, País, Dinheiro, Mundo, Vida, Social, Cultura e Q!Tal* (notas sobre programações culturais), *Q!Mais, Esporte*.

Em março de 2006, a Infoglobo colocou nas bancas do Rio de Janeiro o *Expresso* no formato tabloide, criado para atingir as classes C e D do Rio de Janeiro. O objetivo é ampliar o mercado de leitores, principalmente entre as pessoas que passam horas de seu dia em transportes coletivos para ir e ao voltar do trabalho. Por isso, não circula nos finais de semana. Seu *slogan* é "Direto ao que interessa". Com 32 páginas, o jornal tem seis editorias: Geral (cidade e política), Economia popular, Empregos, Esporte, TV e Lazer, que também vai trazer seções interativas, como é o caso da coluna o "O leitor é o repórter". Os textos têm, no máximo, 20 cm de comprimento. O *Expresso* tem uma página diária sobre emprego, um espaço dedicado à saúde, além de duas páginas de classificados. A sinergia com outras publicações existe, mas o jornal possui produção própria, com o trabalho dos repórteres.

Preços de banca dos jornais

Mesmo que o preço de capa dos jornais mudem, a comparação dos preços das publicações em dias de semana em 2005 pode indicar os diferentes mercados consumidores que eles atingem.

Preço dos jornais em dias úteis em 2005.

Jornais que custam de R$ 2,00 a R$ 2,70	Folha de S.Paulo, O Estado de S. Paulo, Correio Braziliense, Valor Econômico, O Globo, Jornal do Comércio, Jornal do Brasil, Zero Hora
Jornais que custam de R$ 1,10 a R$ 1,50	Extra, O Dia, Jornal da Tarde, Diário de S.Paulo
Jornais que custam R$ 0,50 a R$ 0,75	Diário Gaúcho, Meia Hora e Expresso

TELEVISÃO: O MUNDO-CÃO PERDE ESPAÇO

Na televisão, a história dos programas populares é muito rica. O que se faz na televisão nos dias de hoje não é novidade. Em 1954, o programa da TV Tupi de São Paulo intitulado "Tribunal do Coração" já encenava histórias pessoais e casos dos telespectadores, julgados nos moldes de um júri de verdade. "O Povo na TV", que começou na TV Excelsior, passou pela TV Tupi, pela TVS, pela Bandeirantes e pelo SBT, abordava a vida privada dos participantes. O programa "O Homem do Sapato Branco", surgido em 1966, foi um dos primeiros programas policiais da televisão e passou por emissoras como Globo e Record.

No final da década de 1990 e no início do novo século, houve um *boom* de produtos populares na mídia brasileira, em especial na televisão. Com a implementação das redes de televisão a cabo e a incorporação de alguns setores ao mercado consumidor, a televisão aberta passou a veicular novos programas populares.

Há muitos programas que se apoiam em depoimentos de cidadãos comuns sobre seus dramas particulares, em que o povo não aparece em sua realidade cultural, mas em seu lado grotesco, feio, deformado, miserável, vítima, sem destino. Outros baseiam-se na observação do cotidiano de pessoas comuns, como são alguns do estilo *reality show* de "Big Brother" (Globo). Há ainda os programas de auditórios dos domingos, que misturam vários estilos, e os que se autointitulam jornalísticos e priorizam as pautas policiais. Vou tratar dessa última categoria.

Cadeia

Entre os programas jornalísticos destinados aos setores populares, predominam os destinados à cobertura de polícia. Um programa a ser destacado como precursor desse estilo na década de 1980 é o "Cadeia". Foi criado em 1979 em Londrina, Paraná. Em 1982 foi expandido para todo o estado do Paraná, por intermédio da Rede OM (atual Central Nacional de Televisão). Era apresentado por Luiz Carlos Alborghetti, que apresentava o programa com uma toalha no pescoço e um pedaço de pau na mão. Em 1992, foi transmitido em rede nacional, voltando a ser veiculado somente no estado do Paraná em 1993. Carlos Massa, o Ratinho, foi um dos repórteres do programa. Em 1994, Alborghetti apresenta outra versão do "Cadeia": o "Cadeia Neles". Batia com o cassetete nas fotos dos bandidos. Era escrachado, denunciava o tráfico de drogas no Rio de Janeiro e ficou conhecido pelos seus comentários, como o que fez sobre o Comando Vermelho, chamando o grupo de "um bando de bichas". O programa seguiu no ar até 1998, quando Alborghetti se retirou para disputar sua terceira reeleição para deputado estadual.

Aqui Agora

O marco da década de 1990 foi, sem dúvida, o telejornal "Aqui Agora" (1991-1997), transmitido pelo SBT, que prometia tratar dos interesses do povo e tinha como bordão ser "um telejornal vibrante, que mostra na TV a vida como ela é". Similar a um programa de mesmo nome veiculado em 1979 na Rede Tupi, o "Aqui Agora" do SBT era composto por reportagens de rua sobre casos policiais, sobrenaturais e direitos do consumidor, com chamadas como *Marvada pinga despacha irmão* ou *Bate Coração! A volta do morto-vivo*. O programa chegou a mostrar ao vivo, em 1993, um caso de suicídio. Alguns comentaristas deixaram suas marcas, como o pugilista Adilson Maguila ao comentar economia ("O povo não aguenta mais passar fome") e o advogado Celso Russomano (eleito deputado federal por São Paulo), que fazia pessoas enganadas e caloteadas virarem notícias. O programa chegou a ter duas edições em 1992, uma delas após o "TJ Brasil", apresentado por Bóris Casoy. Um dos repórteres era o "Homem do Sapato Branco", Jacinto Figueira Jr., falecido em 2005, dedicado a casos sobrenaturais. Outro repórter que marcou o "Aqui Agora" foi o radialista e candidato a "justiceiro" Gil Gomes, já amplamente conhecido por parte do público pelo seu programa policial veiculado entre 1977 e 1987 na rádio Record de São Paulo.

Programa do Ratinho

Posteriormente, a programação nesse estilo foi crescendo na televisão, com destaque para o "Ratinho Livre" e o "Programa do Ratinho". Carlos Massa, o Ratinho, começou com a apresentação do programa "190 Urgente" na CNT/Gazeta, em 1996, inspirado nos programas de Luiz Carlos Alborghetti. Em 1997, foi para a Record, com o "Programa

Ratinho Livre", cuja audiência chegou a atingir 50 pontos. Em 1998, o apresentador assinou contrato com o SBT e passou a apresentar o "Programa do Ratinho", que chegou a competir com a novela das oito da Rede Globo. Brigas familiares, envolvendo especialmente reconhecimentos de paternidade, faziam o sucesso do programa. Em 2005, perdeu audiência e foi rebaixado para o horário da tarde, competindo com o "Jogo da Vida", um programa sobre relacionamentos apresentado por Márcia Goldschmidt na Rede Bandeirantes, e "Tarde Quente", programa de "pegadinhas" de João Kleber na Rede TV!

Brasil Urgente e Tudo a Ver

Por um bom tempo, o horário do fim da tarde marcou o telejornalismo popular. Três programas considerados "jornalísticos" pelas suas emissoras conviveram nesse horário: "Repórter Cidadão" (Rede TV!), "Cidade Alerta" (Rede Record) e o "Brasil Urgente" (Rede Bandeirantes). Em 2005, os dois primeiros saíram do ar, e o terceiro perdeu espaço.

O "Cidade Alerta", que priorizava a cobertura da violência urbana, perdeu lugar para o "Tudo a Ver", programa que mistura informação jornalística e entretenimento. Apresentado por Paulo Henrique Amorim e Patrícia Maldonado na Rede Record desde 2004, é uma amostra da tendência dos programas mais populares de mesclar informação jornalística com entretenimento. Considera-se um telejornal, na forma de revista eletrônica "conversada, informativa, ágil e bem-humorada, sem perder a credibilidade". Reúne análise política e econômica, cinema, moda, denúncias, celebridades, economia familiar, terceira idade, esporte e quadros do tipo "o povo fala". No entanto, é o entretenimento que rege o programa e mesmo as informações jornalísticas são apresentadas em fórmulas pouco jornalísticas, como foi o caso de uma reportagem que relatava a morte do brasileiro Jean Charles de Menezes, morto por engano ao ser confundido com um terrorista em julho de 2005 em Londres. Após a matéria que informava que os policiais ingleses deram onze tiros no brasileiro em 30 segundos, aparece uma foto de Jean e acima a inscrição "Um tiro a cada três segundos". Um relógio marcava o tempo e a cada três segundos ouvia-se o barulho de um tiro. Uma fórmula de mau gosto que priorizou a sensação e não a compreensão do fato.

O programa "Brasil Urgente", veiculado pela Rede Bandeirantes, cujo apresentador é José Luiz Datena, segue no ar. Prioriza histórias policiais e faz cobranças das autoridades. Em 2005, perdeu 40 minutos de seu tempo para o desenho animado "Cavaleiros do Zodíaco".

A hipótese para a decadência desses programas o receio dos anunciantes em ligar suas marcas a programas policiais. Em comum, eles têm a cobertura da violência e da atuação policial, o denuncismo e toda a sorte de deslizes éticos que vão desde a cobertura de suicídios até a prévia condenação de supostos criminosos. A campanha "Quem financia a baixaria é contra a cidadania", da Comissão de Direitos Humanos da Câmara dos Deputados e organizações da sociedade civil, chegou a enviar em 2004 um ofício aos anunciantes pedindo que deixassem de anunciar nesses programas.

Linha Direta

O jornalista Marcelo Rezende, profissional de destaque no jornalismo de denúncia, é um personagem importante da história recente dos programas jornalísticos populares. Rezende entrevistou em 1998 o criminoso Francisco de Assis Pereira, conhecido como "Maníaco do Parque" por assassinar e estuprar mulheres em São Paulo. A entrevista antológica, transmitida no "Fantástico", foi dirigida pela Central Globo de Produção, Shows e Dramaturgia. As declarações do criminoso, dos parentes das vítimas e da polícia foram apresentadas com reconstituições de momentos da infância de Francisco e também com a reconstituição de alguns de seus crimes, ao som de uma trilha sonora de suspense.

A entrevista, muito criticada por misturar jornalismo e ficção e tornar a violência um grande espetáculo, alcançou 40 pontos no Ibope e tornou-se um projeto piloto para a fórmula do programa "Linha Direta", veiculado a partir de 1999 para entrar na guerra contra o "Programa do Ratinho".

Influenciado por programas de TV como "Homem do Sapato Branco" e por programas radiofônicos como o de Gil Gomes, o "Linha Direta" dedica-se até hoje a reconstituir com esquetes e trilhas sonoras crimes, especialmente mortes chocantes e sequestros, e a promover um disque-denúncia pelo qual os telespectadores denunciam foragidos. Vem sendo muito criticado por misturar realidade e ficção, submetendo-se inteiramente à lógica do espetáculo por intermédio de dramatizações. O *slogans* do programa é "Em linha direta com seu direito, em linha direta com a cidadania". Tem sido criticado pelas violações às garantias constitucionais (presunção da inocência, por exemplo) e por ter deixado o jornalismo investigativo de lado e preferido o sensacionalismo e o show. Enfim, os telejornais produzidos para classes C, D e E seguem a tendência de contaminar jornalismo e entretenimento. O entretenimento predomina ou pela abordagem pouco séria da esfera do crime e da contravenção ou pela escolha de pautas de variedades.

REVISTAS: A CLASSE C VAI ÀS BANCAS

A partir de 1994, houve um aumento no número de títulos de revistas de preços baixos. O presidente do Ibope Solution, Nelson Marangoni, revelou em 2003 que a classe C já correspondia a 33% do mercado e a 29% do consumo nacional, ganhando importância à medida que há certa saturação na disputa pelo mercado A/B, responsável por 60% do consumo. Conforme a Associação Nacional dos Editores de Revistas, em 2003, 14% dos leitores de revista estavam na classe A, 36% na B, 33% na C, 15% na D e 2% na E (Fonte: XLV Estudos Consolidados Marplan 2003).

Cresceu sobretudo o mercado de revistas femininas populares que custavam em torno de R$ 2,00 em 2005 e misturavam informações jornalísticas com entretenimento, além das revistas dedicadas exclusivamente às novelas e a temáticas adolescentes.

A Editora Abril trabalha com um conceito de segmentação de mercado que corresponde à classe C, e tem quatro revistas direcionadas para o segmento popular feminino: *AnaMaria*, *VivaMais!*, *Minha Novela* e *Tititi*. *AnaMaria* e *VivaMais!* publicam, além das informações sobre artistas e novelas, matérias de comportamento com mais elementos jornalísticos. Além dessas, há muitas outras revistas lançadas por outras editoras, que custam em torno de R$ 2,00. Entre elas, *Malu* e *Mulher Dia a dia*, da Editora Alto Astral, *7 Dias com você*, da Editora Escala, e *Mais Feliz*, da Editora Símbolo.

Em agosto de 2005, a *Viva!* teve tiragem de 252 mil exemplares e a *AnaMaria* de 191,3 mil exemplares. A relação com os anunciantes na editora começa a consolidar-se após sério esforço de posicionamento da editora no segmento popular. As agências e anunciantes viam com preconceito esse mercado e para conquistá-lo foi preciso demonstrar que há bilhões de reais a serem consumidos pela classe C.

A revista *AnaMaria* surgiu em 1996, lançada pela Editora Azul, empresa que pertencia à Abril e que já havia trabalhado com outros títulos femininos para o mercado popular, como *Carícia, Horóscopo, Minha, Semanário, Mulher Atual.* Os leitores preferenciais de *AnaMaria* só das classes B e C. O público leitor é formado por mulheres de 18 a 50 anos, de classes A (12%), B (41%), C (39%) e D (8%). O perfil da leitora é o de uma mulher menos dona de casa e mais voltada para si mesma e suas próprias conquistas, que vão além da família, da casa e do casamento.

Antes de a revista ser lançada, em 1996, a Editora Azul encomendou uma pesquisa de mercado para certificar-se da viabilidade do produto e definir o título. Imaginava-se uma versão mais popular da *Claudia*, inspirada em um exemplo português, a *Maria*. Como não foi possível entrar em acordo com os editores portugueses para licenciar o título, outros foram pensados. Constatou-se que Ana e Maria são os dois nomes com mais registros no Brasil e que a combinação seria muito familiar à leitora de classe C. E assim surgiu a revista que, ao contrário do que muita gente pensa, nada tem a ver com apresentadora de televisão Ana Maria Braga.

O redator-chefe da revista, Celso Masson, afirma que a atração de anunciantes é forte em *AnaMaria*. Além das páginas de publicidade, que tiveram uma ótima comercialização em 2005, grandes empresas já patrocinam ações promocionais. Em 2005, a Nestlé, com a marca Maggi, investiu valores expressivos no ônibus *AnaMaria*, uma escola de culinária itinerante que percorreu praças, oferecendo aulas gratuitas em estacionamentos da rede Carrefour. A marca Primor, de óleo vegetal, margarina e maionese, patrocinou a 6ª edição do prêmio AnaMaria Minha Receita Preferida.

Houve muitas mudanças de foco nesses nove anos, ditadas por um acompanhamento mais detalhado dos hábitos do leitor. A revista mudou de formato (quando foi lançada era pequena como um gibi), teve novos projetos gráficos, ganhou um suplemento só de receitas que passou a ser encartado internamente (antes vinha sobre a capa principal). Mas os pilares editoriais não foram alterados. Ela continua essencialmente com a mesma missão desde o início: a revista feminina semanal da classe B. A revista leva muito em conta os pedidos recebidos por carta, e-mail e telefone. Tem um conselho de leitoras on-line com dez representantes de todo o Brasil. Faz reuniões mensais com grupos de leitoras de São Paulo. Muitas leitoras são personagens de reportagens, às vezes atuando como "repórteres".

A revista autointitula-se como "a sua melhor amiga" e afirma oferecer informações relevantes que mantêm a mulher atualizada, em sintonia com as grandes questões do momento e valorizando os diversos papéis da mulher: mãe, companheira, profissional. Dedica-se à culinária, beleza, educação, moda, saúde, sexo, decoração, bem-estar e astrologia.

AnaMaria busca conquistar a confiança do leitor e das fontes, o que se dá com a busca de credibilidade. A redação procura conhecer os interesses do público-alvo e compreender o papel da publicação no universo de consumo do leitor. Os jornalistas sabem que quem compra a revista tem carência de informação em muitas áreas e procura suprir esse papel, ao mesmo tempo em que procura levar algum entretenimento e ter o máximo de prazer na leitura.

A *VivaMais!*, lançada em 1999, é semanal, composta pelos fatos do período, por fofocas televisivas, resumo de novelas, folhetim e informações sobre comportamento, especialmente sobre beleza, sexo e saúde. A *Viva!*, como é mais conhecida, afirma em suas publicidades ser a revista semanal para a mulher que se ama, que busca sucesso em todos os setores de sua vida. A revista traz matérias sobre carreira, dinheiro, moda, saúde e beleza, sexo, além de dicas de cursos profissionalizantes em todo o país e ideias para abrir seu próprio negócio.

Com a mesma velocidade que devora todas essas informações, a leitora de *Viva!* tem o perfil de quem gosta de experimentar produtos e eleger marcas de qualidade, suas aliadas na conquista da realização pessoal e profissional – 77% de suas leitoras são das classes B e C.

No âmbito das revistas, há um mercado em crescimento, principalmente no segmento feminino popular, baseado numa mulher que se interessa por histórias dramáticas, novelas, formas de ficar mais bonita, receitas novas, mas também quer aprender a utilizar a internet e precisa encontrar novas fontes de renda.

CAPÍTULO III

O leitor do mundo e o mundo do leitor

É importante que o jornalista tenha noção das fronteiras que separam os jornais considerados de referência e os jornais populares, para saber como posicionar-se numa redação do segmento popular. Os limites entre os dois tipos de imprensa são difíceis de serem estabelecidos, mas com paciência é possível notar as diferenças que existem nas pautas apresentadas, nas fontes escolhidas, nos pontos de vista adotados e na linguagem usada. O capítulo apresenta uma reflexão mais densa para os interessados em aprofundar o debate sobre o tema.

TODOS SÃO FEITOS PARA O MERCADO

Muitas das críticas imprensa popular utilizam-se do falho argumento de que são jornais "feitos para o mercado". É evidente que as empresas jornalísticas produzem jornais para o mercado. Aliás, qualquer jornal é feito para um determinado mercado, seja ele popular ou de elite; alternativo, de oposição ou sindical; vise ao lucro ou não.

O que ocorre é que o público leitor dos jornais de referência tem um nível de escolaridade e de exigência mais alto, o que faz com que esses jornais tenham maior qualidade. Além disso, os jornalistas, pela chance de terem passado por uma universidade e por terem o gosto pela leitura, acabam tendo suas expectativas próximas do público formador de opinião dos jornais de qualidade.

Além do mais, é muito comum acusar os jornais populares de se preocuparem com o "mercado", pois é mais fácil dizer que um jornal popular faz matérias melodramáticas para vender do que dizer que um jornal de referência faz boas reportagens para vender. O interesse mercadológico existe nos dois.

Nos jornais populares, os princípios tradicionais do jornalismo são mais facilmente tensionados porque eles se destinam a um público de menor escolaridade e são mais vulneráveis ao mercado publicitário, pois não contam com assinaturas. Assim, a imprensa popular busca satisfazer os leitores a qualquer custo, pois são bastante volúveis em função do baixo poder aquisitivo e precisam ser conquistados cotidianamente. Os produtos jornalísticos populares precisam mostrar uma conexão com seu público, pois são mais dependentes de um mercado que muda facilmente. É muito mais difícil vender jornal para quem tem baixo poder aquisitivo e pouco hábito de leitura.

Quando se aborda "o mercado de um jornal", está-se referindo a quem o jornal serve, para quem o jornal se destina, isto é, principalmente seus anunciantes e seus leitores. Por isso, os jornais de referência e os populares, mesmo que pertençam à mesma empresa, não funcionam nos mesmos padrões, porque respondem a mercados diferentes, isto é, atendem a anunciantes e a leitores diferentes. Determinados jornais adotam uma estratégia de mercado voltada a um segmento mais habituado à leitura e interessado em "ler o que ocorre no mundo", e outros, dirigidos às camadas mais amplas da população, preferem informações mais ligadas ao cotidiano popular, à prestação de serviços e ao entretenimento, ou seja, ao "mundo do leitor". O interesse público perde a vez para a exposição de interesses pessoais; o compromisso com a verdade convive com a presença de elementos do âmbito da ficção, da religiosidade e da superstição.

O jornalismo praticado no segmento popular da grande imprensa subverte essa lógica de priorizar o "interesse público". Baseia-se no entretenimento e não na informação, mistura gêneros, utiliza fontes populares e muitas vezes trata a informação de um ponto de vista tão particular e individual que, mesmo dizendo respeito a grande parte da sociedade, sua relevância se evapora. Muitas vezes, o interesse do público suplanta o interesse público não em função da temática da notícia, mas pela forma como ela é editada, com base na individualização do problema, o que dá a sensação de não realização do jornalismo.

Embora as estratégias de popularização possam ser observadas em todos os jornais, nos de referência ainda predomina uma lógica de tratar de assuntos publicamente mais relevantes do ponto de vista da política e da economia. Nos jornais populares, a lógica é dar destaque a notícias que interferem no cotidiano da população ou tenham características mais dramáticas.

Como exemplo, veja manchetes de alguns jornais de dois dias em 2005:

1º/9/2005

Jornais de referência	Jornais populares
Congresso aproveita a crise e aumenta os próprios gastos – *O Globo*RJ	INSS começa hoje a pagar aposentado e alerta para fraude no caixa eletrônico. Pai quer a morte do filho com doença incurável. A mãe espera milagre – *O Dia*RJ
Crise derruba veto de Lula – *Jornal do Brasil*RJ	Tráfico do Dona Marta determina quem trabalha em obras públicas – *Extra*RJ
PF vai indiciar Genoíno, Duda, Delúbio e Valério – *Folha de S.Paulo*SP	Cidade persegue pai que quer eutanásia para filho – *Diário de S.Paulo*SP
Empresários driblam o Fisco com operação "casa e separa" – *Valor Econômico*SP	INSS faz recadastramento a partir de novembro – *Agora São Paulo*SP
Pânico em ponte mata mais de mil em Bagdá – *Zero Hora*RS	Previna-se: alerta de enchente nos vales dos Sinos, Paranhana e Caí – *Diário Gaúcho*RS

23/9/2005

Jornais de referência	Jornais populares
Eleição de 2006 tumultua a sucessão de Severino – *O Globo*RJ	Jeany entrega à PF agenda de festinhas – *O Dia*RJ
Dantas financiou o mensalão – *Jornal do Brasil*RJ	Bomba e pânico no condomínio – *Jornal da Tarde*SP
Presidente do Conselho quer absolvição de 5 deputados – *Folha de S.Paulo*SP	"Os filhos não sabem que o pai está preso", diz mulher de Edinho – *Diário de S.Paulo*SP
Brasil quer atrair o capital externo para título público – *Valor Econômico*SP	Leão faz blitz para cobrar dívidas antigas – *Agora São Paulo*SP
2 milhões fogem do furacão Rita – *Zero Hora*RS	Polícia Civil assaltada pela miséria – *Diário Gaúcho*RS

Por intermédio das manchetes, é possível perceber que os jornais dão importância a fatos diferentes, de acordo com seu perfil e com a realidade de seus públicos-alvo. Ao comparar as manchetes de alguns jornais de referência e jornais populares de cada estado, também possível ver a diferença:

14/12/2005	Jornais de referência	Jornais populares
Rio de Janeiro	Críticas à política econômica dividem o Ministério de Lula – *O Globo*	Aids: testes mostram que menino não tem mais HIV. Novo mínimo vai para conta da classe média – *O Dia*
São Paulo	País quita dívida de US$15,5 bi com FMI – *Folha de S.Paulo*	Natal: rolar dívida no cartão é mau negócio – *Diário de S.Paulo*
Rio Grande do Sul	Piratini e deputados reagem a pedido de reajustes dos juízes – *Zero Hora*	Idosos fora da luta por casas do Governo – *Diário Gaúcho*
Paraná	MPF denuncia Lerner por fraude no pedágio – *O Estado do Paraná*	Terror da internet/ Terror das mulheres/ Terror das mansões/ Terror da vila Zumbi – *Tribuna do Paraná*

OS JORNAIS DE REFERÊNCIA E O INTERESSE PÚBLICO

O conceito ocidental de jornalismo (de raiz anglo-americana) produto das teorias da liberdade de imprensa, do iluminismo e da responsabilidade social. Dessas três vertentes, pode-se deduzir a noção de que o jornalismo é uma atividade cuja imagem é a de defender o interesse público, de estar direcionado ao bem-estar social e de não se submeter aos interesses particulares, embora a atividade jornalística seja condicionada historicamente por fatores sociais e econômicos e tenha as marcas da transformação do jornal em mercadoria ao longo da história. Do ponto de vista dos jornalistas, a notícia é mercadoria por acréscimo, pois se configura, antes de tudo, em informação relevante publicamente.

O jornalismo de referência fala, sobretudo, com o leitor interessado no mundo público. É preciso compreender que todos os grandes jornais movem-se pelos interesses comerciais, mas os jornais de referência, para terem sucesso comercial, precisam antes de tudo ter credibilidade e prestígio perante os formadores de opinião. E por isso ainda obedecem a certos padrões éticos. A cobertura de política não vende jornal, mas o que seria de um jornal autointitulado de qualidade, dirigido a formadores de opinião, que ignorasse o mundo do poder?

Todos os jornais, de referência ou não, convivem numa tensão própria do campo jornalístico, produzida pelos conflitos de interesses dos jornalistas, dos empresários, das fontes, dos anunciantes e dos leitores. Ou seja, não dá para considerar que a atividade jornalística possa orientar-se, de forma ideal ou romântica, absolutamente pelos seus princípios internos.

Mas há um consenso de que o discurso padrão seja o informativo, e, nesse sentido, os jornais estabelecem diariamente um contrato com os leitores para não transgredir a fronteira entre realidade e ficção.

O texto do primeiro jornal brasileiro não oficial, o *Correio Braziliense* (1808), está inspirado na ideia de utilidade moral. O jornalismo de referência tem em seu conjunto regras profissionais baseadas em características racionais, especialmente de corte liberal. Na raiz liberal, o jornal é o órgão de informação e de expressão da classe política, cujo objeto central é a coisa pública, o que interessa ao cidadão. A educação e a ilustração são impulsionadas como os meios fundamentais de constituição de cidadania política e, também, como meios de desenvolvimento. A linguagem é abstrata e conceitual. Conceitos como os de verdade, credibilidade e objetividade integram a mitologia do jornalismo que, como servidor dos interesses públicos, deve relatar o mundo de forma "isenta e equilibrada". O jornalismo tem um discurso baseado no compromisso com o interesse público.

Quem fala nos jornais de prestígio tem a função de corroborar com a imagem de um jornal sério, que se pauta pela verdade, credibilidade, objetividade, legitimidade e assim por diante. O jornal detém o poder de relatar o que ocorre no mundo. No Brasil, os grandes jornais colocam-se como defensores do interesse público, como indica o Código de Ética da Associação Nacional de Jornais (ANJ): "Apurar e publicar a verdade dos fatos de interesse público, não admitindo que sobre eles prevaleçam quaisquer interesses".

O Código de ética do jornalista dispõe que a informação divulgada pelos meios de comunicação públicos terá por finalidade o interesse social e coletivo. O exercício da profissão de jornalista é uma atividade de natureza social e de finalidade pública, e, portanto, é dever do jornalista divulgar todos os fatos que sejam relevantes e de interesse da sociedade e evitar a divulgação de fatos com interesse de favorecimento pessoal.

Entre os critérios de definição da notícia, também há a ideia do interesse público. Boa parte da bibliografia afirma serem notícias os fatos que afetam a vida de um número maior de pessoas.

Todos esses valores que norteiam o jornalismo estabelecem quem fala no jornal, de que maneira e em que espaço. Os valores que cercam a atividade jornalística remetem à noção de que o jornalismo aborda temas de interesse público e, por isso, se utiliza de fontes que tenham algo a dizer à sociedade. As fontes jornalísticas abrigam diferentes posições sociais, pontos de vistas e, com frequência, estão profissional e estrategicamente organizadas para defender seus interesses.

Em geral, quem fala no jornalismo de referência são os jornalistas, editorialistas, colunistas e fontes oficiais, pois representam instituições de poder, exercem certo controle e têm determinadas responsabilidades. Quem não exerce poder na sociedade, não ocupa cargo ou não tem representatividade econômica não tem voz na notícia, a menos que suas ações produzam efeitos negativos. Normalmente, os jornalistas entrevistam fontes oficiais e especializadas; as fontes populares são consultadas apenas quando são testemunhas de algum fato trágico. As fontes oficiais são mais procuradas porque supostamente têm o compromisso de informar de forma correta, guardam informações interessantes e têm legitimidade para falar à sociedade. São pessoas que dispõem de endereço fixo, telefone, internet e, principalmente, contam com uma estrutura de assessoria de imprensa que lhes auxilia no agendamento e na intermediação de entrevistas.

OS JORNAIS POPULARES E O INTERESSE DO PÚBLICO

Ao tentar adequar a informação jornalística a temáticas e linguagens mais populares, os jornais eliminam de sua agenda vários temas de interesse da cidadania e colocam, no mesmo *status* de informação, discursos de campos diferentes do jornalismo. Se toda notícia deve ser de interesse humano, nem toda a história de interesse humano deveria ser elevada ao *status* de notícia. Essa tênue linha que separa *o que é de interesse público* e *o que não é* flutua de acordo com o mercado no qual determinados jornais se inserem.

Em função da variedade de jornais que se autointitulam populares, é inadequado fazer generalizações, mas é possível dizer que esses jornais falam com base no mundo do leitor. Os jornais populares constroem sua legitimidade de outros parâmetros, relacionando-se de uma forma peculiar com o mundo do seu público leitor. Precisam falar do universo do seu público-alvo, adotam uma estética pragmática, sem levar em conta se as informações são do âmbito do privado ou do entretenimento. Além disso, são obrigados, por interesses mercadológicos, a utilizar determinados recursos temáticos, estéticos e estilísticos deslocados do discurso jornalístico tradicional.

Os setores populares, muitas vezes, preferem determinado tipo de jornal não simplesmente porque são manipulados ou destituídos de bom gosto, mas porque sua história de exclusão social, econômica e cultural criou determinados gostos e estilos de vida diferentes.

Os jornais autointitulados populares baseiam-se na valorização do cotidiano, da fruição individual, do sentimento e da subjetividade. Os assuntos públicos são muitas vezes ignorados; o mundo é percebido de maneira personalizada e os fatos são singularizados ao extremo. O enfoque sobre grandes temas recai sobre o ângulo subjetivo e pessoal. O público leitor, distante das esferas de poder, prefere ver sua cotidianidade impressa no jornal, e a informação é sinônimo de sensação e da versão de diferentes realidades individuais em forma de espetáculo.

O jornal resgata a cultura de almanaque e seu espírito lúdico e de serviço. O calendário, as festas e as fases da lua trazem elementos da literatura popular. Assim como os almanaques, o jornal publica receitas de medicina popular, casos sobrenaturais, indicações astronômicas, anedotas, horóscopo, passatempos, concursos e situações cômicas da vida cotidiana – constituindo-se ao mesmo tempo num setor de reclamações, num guia de serviços e num manual de aconselhamentos. Essas características não podem ser meramente deduzidas de estratégias mercadológicas. Se, em um primeiro movimento, os jornais são como são para agradar o público, é preciso ver que eles interpelam características culturais populares construídas ao longo da história, num movimento dinâmico entre o campo da produção e o da recepção, subordinando-se à lógica comercial. Portanto, quando um jornalista escreve para o segmento popular, está produzindo informações para pessoas com determinadas caractersticas culturais, na maioria das vezes distintas daquelas com as quais os profissionais convivem.

Além da linguagem, os jornais acabam também se adequando aos conteúdos mais sedutores para um público popular. Se na imprensa de referência o jornalismo é sobretudo um modo de conhecimento, no segmento popular ele ocupa também a função de entretenimento.

O ideal da objetividade, embora varie de jornal para jornal, muitas vezes é abandonado, e a credibilidade é construída por intermédio de outros parâmetros, como a proximidade e o testemunho.

Os valores que cercam institucionalmente a atividade jornalística nos jornais de referência, presentes nos manuais e nos códigos de ética, ensinados nos cursos de comunicação e aclamados nas instâncias acadêmicas e profissionais dão lugar a outro discurso que, em vez de buscar o leitor pela informação, o interpela pela estética, por estilo e temáticas ligados historicamente ao universo considerado popular.

POR QUE A IMPRENSA POPULAR É ASSIM?

A imprensa popular ligada a grandes empresas de comunicação existe pela necessidade de ampliar o mercado de consumidores de jornais para um público que vive numa situação social, cultural e econômica diferente da do público das classes A e B. Os jornais assumem formas específicas porque o que move essa imprensa é, antes de qualquer coisa, a sedução do público e não a credibilidade ou o prestígio.

Mas as peculiaridades da imprensa popular também devem ser explicadas por uma discussão mais complexa, que envolve as características da nossa sociedade, sobretudo no que diz respeito às relações entre espaço público e espaço privado.

Na sociedade atual, a figura do cidadão, como pessoa que busca seu bem-estar por intermédio do bem-estar de todos, é cada vez mais rara. As pessoas querem, cada vez mais, resolver pragmaticamente seus problemas, o que corrói de maneira lenta a cidadania, as causas coletivas e o bem comum. A falência dos sistemas ideológicos, a fragilidade dos movimentos sociais e sindicais e a incompetência do poder público contribuem para esse desânimo com as causas públicas.

As pessoas leem jornais não apenas para se informar, mas também pelo senso de pertencimento, pela necessidade de se sentirem partícipes da história cotidiana e poderem falar das mesmas coisas que "todo mundo fala". O ato de ler um jornal e de assistir a um programa também está associado a um ritual que reafirma cotidianamente a ligação das pessoas com o mundo.

Entre as explicações plausíveis para o sucesso de jornais e programas populares incluem-se o desencanto com a política, a inoperância do poder público e a noção de que as notícias estão fora do alcance das pessoas do povo. Assim, são inúmeras estratégias de popularização dos produtos jornalísticos para aproximarem-se de seu leitor e consequentemente, muitas as distorções éticas cometidas. Mas é importante registrar que muitas delas transcendem o debate sobre o jornalismo.

Nessa perspectiva, fica mais fácil entender por que os jornais populares fazem sucesso, pois correspondem a essas expectativas individuais. Assim, fica simples fazer fórmulas de fácil assimilação pelo mercado, com grande ingerência das formas televisivas, conhecidas como *showrnalismo* ou o *infoentretenimento*. Até porque informação jornalística e entretenimento estão, muitas vezes, nas mãos das mesmas empresas.

A imprensa popular cria um modo próprio de lidar com os conceitos de verdade, realidade e credibilidade. Se a função do jornal é "fazer saber" e "fazer crer", na imprensa popular o "fazer sentir" passa também a ser uma das atribuições do jornal, mas não somente no sentido de produzir sensações a qualquer custo, mas com a intenção de seduzir o leitor com base na noção de pertencimento social. São fenômenos que caracterizam os tempos atuais, mas se baseiam em lógicas avessas aos valores jornalísticos tradicionais. Ou seja, em vários momentos, os jornais populares efetivamente não fazem jornalismo.

O QUE OS JORNAIS PENSAM DO PÚBLICO POPULAR

Ao contrário da prática literária, na prática jornalística, em função da lógica empresarial, normalmente existe um conceito prévio do campo da recepção. As características do veículo por si só fornecem ao jornalista pistas sobre quem é seu leitor. Com pesquisas mercadológicas ou normas preestabelecidas nos manuais ("colocar-se no lugar do leitor"), a imprensa forma uma noção de seu público, do que ele deseja e do que ele necessita. As pesquisas não traduzem os hábitos e gostos de forma fiel, mas esboçam o perfil do leitor. A imagem do que deva ser o público de determinado jornal ou programa fica presente na cabeça dos editores e jornalistas, mesmo que não opere de forma consciente no cotidiano.

O jornal sempre projeta um leitor e estabelece suas estratégias com base nele. O leitor também imagina o que a publicação deve dizer e como deve dizer. Os jornais propõem um contrato ao leitor pelas inúmeras estratégias, como o vínculo com o universo social e cultural do público.

A imprensa cria maneiras de dirigir-se ao público e de vincular suas matérias aos interesses desse leitor. Com base na análise do jornal, é possível responder: "Quem este jornal pensa que o público é? Quem este jornal deseja que o leitor seja?" É claro que os leitores podem não ser exatamente o que o jornal pensa que ele é, mas via de regra a imprensa oferece recompensas sedutoras para os leitores que com ela se identificam, sejam elas da ordem da visibilidade, do assistencialismo, da prestação de serviços, do entretenimento ou da ordem dos brindes, shows gratuitos e promoções diversas.

Os produtos populares da mídia sujeitam-se mais abertamente à ditadura do leitor, ouvinte ou telespectador. Do ponto de vista da empresa. Pensar no gosto e na linguagem do público é fundamental para que o produto dê certo, mesmo que essa lógica traga problemas para a qualidade do jornal. O perfil dos produtos muda em função do público. No jornalismo de referência também existe essa proximidade com os leitores porque a ideia da imprensa como uma instância de abordagem do que é de interesse público existe tanto em nossos códigos de ética que regem veículos e profissionais, quanto na expectativa dos formadores de opinião. Assim, os jornais conhecidos como de referência também se conectam à cultura de seus leitores.

No caso do segmento popular, há elementos historicamente atribuídos às classes populares e observáveis até hoje na mídia. Os veículos de comunicação trabalham com um estereótipo de quem deve ser o leitor popular. Mas também é preciso considerar que há algumas características típicas do conhecimento popular apontadas em vários estudos, que se generalizaram e são incorporadas pelos jornais de maneira espontânea, não consciente.

Em geral, o povo é considerado portador de uma cultura heterogênea, preso à concretude da realidade. Por isso, os produtos dirigidos a essa camada social tendem a priorizar o que está relacionado com o mais próximo e concreto da vida do leitor, e dificilmente obrigam-se a buscar as causas dos problemas sociais.

A prática da bricolagem, ou seja, da reunião indiscriminada e acrítica de pedaços de cultura ou de saber/conhecimento do presente e do passado, também é associada à cultura popular e, consequentemente, adotada por muitos produtos dirigidos a esses segmentos.

Constatam-se muitas vezes na fala popular elementos conceituais confusamente sistematizados e falta de clareza a respeito das contradições reais. Há uma dificuldade de distanciamento crítico dos fatos e certa dogmaticidade, ou seja, uma incapacidade de abandonar a segurança estabelecida em torno de certas verdades, noções, ideias, conceitos, valores, relacionados a uma concepção de mundo.

Muitos autores consideram que a ética do senso comum se determina como uma ética instrumental, ligada permanentemente a uma série de estratégias com o objetivo de resolver certos problemas. O objetivo do conhecimento popular é a imediaticidade, e existe uma vocação do discurso popular para a reivindicação. Basta constatar o perfil do público leitor dos jornais populares para ver que são pessoas que sofrem no dia a dia com a precariedade da segurança pública, do Sistema Único de Saúde, do sistema público de ensino, além de serem pessoas permanentemente em busca de mercado de trabalho. A imprensa acaba substituindo o poder público em muitos momentos. Antes mesmo de ligar para os órgãos públicos para resolver seus problemas ou para fazer reclamações, muitos leitores ligam para os jornais ou emissoras de rádio e televisão.

Alguns jornais, como os de referência, por mais que se utilizem de recursos de popularização similares aos populares, enxergam seus leitores como sujeitos políticos que merecem conhecer o mundo para poderem atuar sobre ele. Outros jornais, que ainda permanecem nos moldes antigos do sensacionalismo, acreditam que aos seus leitores interessam apenas histórias distorcidas, fotos de cadáveres, matérias chulas sobre sexo e notícias sobre celebridades ou preferem as informações locais, fofocas televisivas e prestação de serviço, em detrimento do mundo político-institucional.

A maior parte dos jornais do segmento popular constrói um leitor dependente de seu assistencialismo e atraído pelo fato de ver seu rosto e sua fala publicados no jornal. Os jornais imaginam que o leitor gosta de se ver, contar suas histórias e as injustiças cometidas contra si, mas é alguém a quem os assuntos públicos e coletivos só importam enquanto estiverem concretamente relacionados ao seu quintal. Baseiam-se na ideia de que o público precisa de muita prestação de serviço, entretenimento e intermediação com o poder público, mas nada que ultrapasse muito uma visão doméstica do mundo.

O QUE É NOTÍCIA NO JORNAL POPULAR?

Para se tornar notícia, todo acontecimento passa pelo julgamento dos jornalistas e deve ter determinadas qualidades, conhecidas como valores-notícia. Os valores-notícia são sistematizados de diversas maneiras pelos autores que estudam a sociologia da profissão jornalística. Não são valores fixos, variam e se misturam permanentemente. Mas são uma maneira de organizar a análise de como um fato é elevado ao estatuto de notícia em cada jornal.

Na imprensa de referência, um acontecimento terá mais chance de ser notícia se:

- os indivíduos envolvidos forem importantes;
- tiver impacto sobre a nação;
- envolver muitas pessoas;
- gerar importantes desdobramentos;
- for relacionado a políticas públicas;
- puder ser divulgado com exclusividade.

Na imprensa popular, um fato terá mais probabilidade de ser noticiado se:

- possuir capacidade de entretenimento;
- for próximo geográfica ou culturalmente do leitor;
- puder ser simplificado;
- puder ser narrado dramaticamente;
- tiver identificação dos personagens com os leitores (personalização);
- for útil.

Entre esses, destaco o entretenimento, a proximidade e a utilidade como importantes valores-notícia da imprensa popular.

O entretenimento

A relação do público com a mídia em geral baseia-se na fruição, que significa "usufruir satisfatoriamente de algo", "gozar e utilizar". Entreter é divertir com distração, de uma forma sensória prazerosa. Muitas vezes, os programas e jornais populares têm a visão de que o público só pretende desfrutar, satisfazer-se, deliciar-se, tirar proveito ou vantagem.

Tudo o que prende e atrai o olhar, seja uma cena escandalosa, ridícula ou insólita tem potencial para ser notícia. As regras de um bom show passam a valer para o jornalismo. Muitas vezes, há o apagamento da fronteira entre realidade e ficção. *Coisa do demônio! Ritual de magia negra usa feto em balneário (Diário do Litoral* – 11/10/2005) ou *Fizeram um trabalho pra mim*, diz o apresentador de televisão Clodovil Hernandes numa manchete de capa ao afirmar que a causa de seu câncer foi magia negra (*Viva Mais! –* 7/10/2005).

O conceito de entretenimento está intimamente vinculado ao da sensação e da emoção. É frequente que temáticas do entretenimento virem notícias, como é o caso da chamada de capa sobre uma novela da Globo, *Feitosa acorda e deixa Creusa*, e sejam misturadas com as notícias do mundo real, como a intitulada *Brincando de guerra: em operação da polícia na favela da Rocinha meninos simulam dar tiros com as mãos*, ambas do jornal *O Dia* (1º/10/2005). Mas o entretenimento no jornal não gera somente prazer; provoca, sobretudo, sensação. Todas as matérias presentes num jornal que não têm o propósito de ampliar o conhecimento das pessoas e ficam limitadas a contar histórias interessantes, insólitas e surpreendentes podem ser enquadradas como entretenimento. São os *fait divers*, aquelas histórias que não remetem a nenhum lugar além delas próprias.

São pelo menos quatro as categorias que compõem a capacidade de entretenimento de uma notícia:

• Histórias de gente comum encontrada em situações insólitas ou histórias de homens públicos surpreendidos no dia a dia da sua vida privada (*Bala perdida mata menino após sua festa de aniversário – Extra*, 5/9/2005 ou *Malu Mader teve medo de morrer – Diário de S.Paulo*, 29/8/2005)

• Histórias em que se verifica uma inversão de papéis (*Policial deu sua farda para ladrão – O Dia*, 5/9/2005).

• Histórias de interesse humano (*Pitbull ataca menina de três anos – Diário de S. Paulo*, 23/9/2005 ou *Doméstica envenena bebê de três meses com água sanitária – Agora São Paulo*, 6/9/2005).

• Histórias de feitos excepcionais e heroicos. (*Menino herói: Ramão não perdeu totalmente visão de um olho – Diário Gaúcho*, 17/4/2002)

A proximidade

Um fato será notícia na imprensa popular se puder ser narrado de maneira a ficar próximo ao leitor. É a retórica da autenticidade, muito própria dos produtos populares. Essa proximidade pode se dar pelo conteúdo do fato, pelas personagens que envolve e pela linguagem utilizada.

• Proximidade pelo conteúdo:

Interessam aos leitores das classes C, D e E temas que digam respeito ao seu cotidiano, especialmente atendimento à saúde, mercado de trabalho, segurança pública, televisão, futebol e as matérias conhecidas como de interesse humano, que contam os dramas cotidianos da população. Também interessa o local em detrimento do nacional. Esse local não se refere a um espaço geográfico, mas a um lugar em que se vive. *Na capital são oito mil carroceiros*, diz o antetítulo da manchete *Vidas levadas por carroças*, do *Diário Gaúcho* (10/10/2005) no mesmo dia em que *Zero Hora* publica a manchete *Mobilização mundial socorre drama na Ásia*, referindo-se às milhares de vítimas de um terremoto que atingiu principalmente o Paquistão e a Índia.

A manchete de um jornal de referência, relativa ao setor da telefonia, pode até ser *Novo diretor quer dar outro perfil à Anatel*, como foi a da *Gazeta Mercantil* em 12/4/2005. Mas a telefonia só é tema na imprensa popular se tiver repercussão imediata na vida das camadas populares como é o caso da manchete: *Vem aí o telefone popular com assinatura de 19,90 por mês* (*Diário de S. Paulo*, 28/9/2005).

• Proximidade pelos personagens que envolve:

O jornalismo caracteriza-se como popular quando se interessa pela vida das pessoas do povo. Assim, um fato tem muito mais probabilidade de ser notícia se tiver impacto na vida de uma pessoa comum ou puder ser comentado por alguém do povo. É frequente a personalização dos problemas e das soluções. Personalizar é dar um caráter pessoal, definir um conjunto de parâmetros para que se atenda às exigências de uma pessoa em especial. A personalização pode ser interessante para abrir uma reportagem contando a vida de alguém do povo, por exemplo, mas de forma extremada também pode levar à execração pública de supostos criminosos ou corruptos, prática adotada nos programas dedicados ao jornalismo policial.

A personalização de uma notícia pode levá-la também a uma extrema singularização, e aí a história perde em contextualização. Há um apagamento do caráter sócio-histórico dos fatos sociais, ou seja, eles são apresentados como problemas individuais e perdem a cadeia lógica que os relacionam.

Muitas vezes, quando a notícia é personalizada, na matéria aparecem as respostas pontuais do estado. Ou seja, os leitores encontram apenas o balcão de reclamações, raramente a discussão sobre as políticas públicas. Veja o caso da matéria *Muro provoca medo em dona de casa*, que relata:

A dona de casa Edite Neves, 64 anos, moradora do Bairro Agronomia, em Porto Alegre, não tem mais sossego desde que um muro de aproximadamente quatro metros de altura começou a ser construído ao lado de sua casa (*Diário Gaúcho*, 12/7/2001). O título já aponta para a singularização e o assunto não é ampliado para o interesse coletivo. Evidentemente, a matéria tem muita importância para dona Edite, mas para os leitores do jornal serve apenas como curiosidade. Reportagens que envolvem a responsabilidade sobre construções, esgotos que inundam casas e invasão de ratos são de fato importantes para a comunidade, mas deveriam trazer informações ampliadas, de interesse público sobre, por exemplo, como funciona a autorização de uma obra, quais as origens dos problemas de saneamento e como prevenir infestação de ratos. Entretanto, em várias matérias, só são evidenciados os sintomas de uma situação (*Vítima de derrame precisa de fisioterapia – Diário Gaúcho*, 15/5/2002). Há uma aderência ao real imediato e uma incapacidade de descolamento e distanciamento dos fatos (*Sinaleira arrumada, mãe sossegada – Diário Gaúcho*, 25/10/2002).

Há também uma profusão de editorias, quadros e colunas do tipo "o povo fala", como vimos na descrição de algumas seções dos jornais. Percebe-se que essas fórmulas vêm ganhando espaço na mídia nos últimos tempos, especialmente na televisão e na imprensa escrita. Pessoas do povo fazem perguntas ou reclamações nos jornais, que as colocam como fontes de matérias, numa lógica de mostrar o drama de alguém e posteriormente convocar as fontes oficiais a responderem às reivindicações. E, às vezes, o povo é chamado a falar simplesmente para tornar o jornal mais próximo do leitor.

A visibilidade das pessoas do povo e de suas histórias, nesse caso, garante popularidade, mas é de questionar-se se a presença delas ao lado de notícias relevantes para a população não coloca lado a lado informações jornalísticas que ampliam a visão de mundo das pessoas com outras que servem apenas para entreter.

No caso das fontes populares, é preciso perceber também que a fala do leitor no jornal tem importância porque ocorre num mercado em que é normal ela ser rarefeita. As falas das fontes oficiais, embora não interditadas totalmente, têm uma importância reduzida. A inversão das fontes tem o efeito de gerar uma aproximação com o leitor, porém não é garantia de qualidade do jornalismo, já que muitas vezes o fato de simplesmente colocar pessoas comuns a falar não garante que o tema será esclarecido.

Muitos jornais e programas adotam como prioritárias fontes que não têm o papel de explicar o que ocorre na sociedade, mas assumem uma função testemunhal de autenticar o acontecimento ou gerar sensação. Em muitos jornais, se dá a intensa visibilidade da fala dos populares e o desprezo pelas fontes públicas, oficiais ou especializadas. Em outros, toma-se a declaração das autoridades (principalmente policiais) como prática e as fontes falam apenas para dar credibilidade à matéria.

Aparentemente, os leitores populares até constituem-se em fontes jornalísticas, mas muitas vezes o papel deles é limitado ao de pauteiros (sequer devem constar nas agendas dos jornalistas porque não serão mais consultados). O jornal lança mão da fala do leitor popular como uma fonte jornalística, mas essa fala não tem o papel de explicar o que ocorre no mundo. A inscrição do leitor no texto nem sempre serve às causas do jornalismo, mas, muitas vezes, busca o sucesso comercial da publicação. O *Diário Gaúcho* publicou em sua capa do dia 12/7/2001 uma foto de moradores de rua salvos por um barco quando ficaram presos sob a ponte do arroio Dilúvio, que corta Porto Alegre, durante fortes chuvas. Nesse caso, a visibilidade das pessoas do povo estava ligada ao um fato jornalístico. Mas quando o mesmo jornal publica em sua capa, em 31/5/2003, a foto de um leitor, numa moto nova, com uma moça de biquíni na garupa, numa chamada de capa intitulada *Motoboy vive um aniversário de sonho,* certamente está se distanciando das funções jornalísticas para vender entretenimento.

Ao mostrar essas duas situações bastante diferentes, evidencia-se que a fala das pessoas comuns no jornalismo pode assumir vários sentidos e ser pertinente para, por exemplo, viabilizar o exercício da cidadania de setores excluídos ou a humanizar as notícias e reportagens. Ao conceder lugar para a fala dos populares, os jornais inovam porque no mercado simbólico do campo jornalístico a manifestação popular tem uma tímida história de inclusão nos jornais impressos, nos quais os lugares disponíveis para as falas se relacionam à importância social, econômica e cultural das fontes. Assim, não se deve deslegitimar a participação do cidadão como fonte jornalística. No entanto, ao tornar seus leitores protagonistas das suas matérias, o jornal popular tem de tomar cuidado para não forçar a mão e tentar transformar em jornalismo aquilo que não é.

• Proximidade pela linguagem:
A proximidade também se dá pela tentativa de aproximar-se da linguagem do leitor. Por exemplo, o discurso direto, muitas vezes, é utilizado para marcar a oralidade:

A auxiliar de nutrição Vera Lúcia Cordeiro, 42 anos, de Porto Alegre, conseguiu o que muitas mulheres aguardam: ela tem todo o atendimento necessário [...]. No início da semana, Vera fez a cirurgia para extração de um tumor em uma das mamas.
– Estou indo para casa e me sinto bem melhor – conta Vera, que recebeu o apoio da voluntária Edy Terezinha de Araújo, 66 anos. (*Diário Gaúcho*, 8/8/2002).

Ao conceder a palavra ao leitor, o jornal também se exime de qualquer responsabilidade e restitui a fala "tal como ela ocorreu". O discurso direto serve para dar autenticidade e mostrar a seriedade do jornal. Tem o papel de transmitir uma situação mais similar à vivida, como se as pessoas estivessem presentes no texto.

Alguns jornais não se utilizam, por exemplo, de aspas de forma tradicional, pois a eles não interessa o distanciamento do leitor nem sequer a demarcação da posição do veículo e do leitor. Em outras publicações, as aspas servem para revelar a "superioridade" dos jornalistas em relação ao mundo do leitor. São usadas para demarcar algumas expressões populares ("reunião dançante", "quiproquó" ou "um terreninho para fazer uma casinha"), de presença incomum no vocabulário dos jornalistas.

Outra maneira de gerar o sentimento de proximidade é o recurso de falar diretamente ao leitor, como foi a manchete do *Diário Gaúcho* em 2/10/2005: *Sorria, você está sendo furtado* ou pela tentativa, muitas vezes forçada, de usar a linguagem do leitor, como é o caso da chamada de capa: *Playboyzinho dá porrada nos meganhas e vai parar no xilindró* (*Diário do Litoral* – 2/10/2005). Em outras oportunidades, os jornais utilizam um vocabulário já conhecido da população: *Veículo roubado para servir de bonde* é o título de uma matéria do *Extra* de 2/10/2005, que utiliza o termo "bonde" para caracterizar que uma ambulância foi obrigada a carregar traficantes numa favela do Rio, termo talvez desconhecido em outros estados.

A utilidade

Além da capacidade de entretenimento e da proximidade com o leitor, outro valor-notícia comum no segmento popular é a utilidade da matéria jornalística. Cada vez mais, a mídia transforma-se num manual de sobrevivência num mundo complexo. No jornalismo, ocorre o mesmo. Uma matéria terá mais chance de ser publicada se for útil. As pessoas buscam recuperar questões que lhes são alienadas socialmente, que vão desde seus direitos básicos (saúde, segurança, educação) até referências de como viver à semelhança dos famosos (como alguém consegue manter a forma) ou de acordo com o que os especialistas dizem (como investir o dinheiro, como se qualificar para o mercado de trabalho). A utilidade tem várias faces. Uma delas se refere à função cada vez mais importante da mídia em geral de dizer aos indivíduos como devem viver, serem bons pais, profissionais ou amantes. Trata-se da tendência das pessoas construírem-se de forma gerenciada: manter a saúde, ter um corpo bonito (*Toda a verdade sobre a barriga. Diário de S. Paulo*, 1º/10/2005), conviver com os animais de estimação, cuidar de seu computador, engravidar com a ajuda da ciência. São os valores ligados ao hedonismo (o prazer como bem supremo) e/ou à autorrealização, permanentemente em pauta. Assim, cada vez mais a mídia trata também das questões de ordem privada. Ao dizer ao leitor como ele deve comportar-se, a imprensa torna-se uma referência comportamental e cultural.

Uma segunda face é o caráter pragmático, pois os programas e jornais precisam tornar-se imprescindíveis à vida do público. Para isso, utilizam-se da prestação de serviços. Os jornais ajudam os leitores a enfrentar a burocracia, a conseguir emprego (*Indústria naval dá largada para 128 mil empregos*, manchete de *O Dia*, 11/10/2005), a defender seu dinheiro, a garantir seus direitos e fiscalizar a qualidade dos serviços públicos.

O assistencialismo, outro viés da utilidade da mídia, faz com que os populares apareçam como coitados que precisam ser ajudados: *Jovem pediu e foi atendida: presente de quinze anos* é uma das manchetes do *Diário Gaúcho* de 1º/10/2005 e referia-se a uma leitora que escreveu para a seção *Meu Sonho é* e teve seu sonho realizado: uma festa de aniversário.

A construção das notícias parte sempre de uma imagem sobre quem é o público. Para que uma informação faça sentido, é necessária a ocorrência anterior de outros sentidos fixados na memória discursiva do leitor. São recursos que estão presentes em alguma medida em toda a imprensa.

As notícias são como narrativas ou histórias marcadas pela cultura da sociedade em que estão inseridas. Os acontecimentos, para se transformarem em notícias e fazerem sentido para alguém, devem estar enquadrados no universo do público. Toda a notícia é uma narrativa, sejam notícias *hards* (importantes) ou *softs* (leves ou interessantes). Ambas são narrativas sobre a realidade e utilizam-se de diversos valores culturais para contar uma história. A forma como a notícia relata o fato muda conforme o público para quem o veículo é dirigido.

O segmento popular da grande imprensa considera seu leitor como "popular" e parte desse imaginário para construir sua relação com ele. Dessa forma, a construção do leitor nas páginas dos jornais destinados à população de baixa renda se dá com uma imagem do que deva ser um produto popular. Imagem essa que tem raízes históricas no movimento dinâmico entre a indústria da cultura e seu público.

Algumas fórmulas até hoje usadas para criar um envolvimento entre a indústria cultural e as camadas populares têm origens no melodrama e no folhetim.

ENTRE O MERCADO E A CULTURA

As empresas jornalísticas, no afã de verem seus mercados consumidores ampliados, lançam jornais destinados ao grande público sem hábito de leitura, formado sob o patrocínio da televisão. No desafio de tornar as publicações atrativas, o processo de segmentação da imprensa nessa direção se dá pautado pela necessidade de dotar o produto de características historicamente consideradas populares.

Numa redação, os jornalistas não têm consciência da utilização dessas fórmulas. Lançam mão de determinados recursos por identificá-los com o público-alvo, de maneira intuitiva. Mas é útil identificar a origem de alguns recursos utilizados pela imprensa até hoje para que seja possível constatar que não foram os jornais contemporâneos que inventaram determinadas fórmulas para contar suas histórias.

Os jornais conhecidos como populares abrigam recursos cujas raízes estão na cultura popular e nas transformações que essa cultura sofreu com a sociedade de massas. Por isso, uma abordagem da cultura pode ajudar a explicar o sucesso da imprensa popular.

Diversas imprensas, várias matrizes culturais

Quando o assunto é imprensa, pelo menos dois grandes universos culturais diferentes são visualizados, que podem ser denominados de matrizes culturais. As matrizes são basicamente a racional-iluminista e a dramática, que coexistem na imprensa brasileira, muitas vezes no mesmo jornal, e se cotejam dia a dia.

A matriz racional-iluminista é a fonte da identidade profissional do jornalista, inserida na cultura popular com ideologias políticas de corte iluminista (principalmente o marxismo, o anarquismo, o liberalismo). É laica e expressa elementos como a razão, o progresso, a educação e a ilustração. A matriz simbólico-dramática é introduzida na imprensa pela indústria das comunicações e dá lugar a uma representação mais cultural do popular.

O autor chileno Oswaldo Sunkel (*Razón y Pasión en la Prensa Popular*) é quem traz esse recurso das matrizes para pensarmos a imprensa. Ao analisar o caso chileno, ele encontrou na estética melodramática da lira popular semelhanças com os jornais sensacionalistas: a ênfase no drama humano, as histórias sanguinolentas, o relato dos ídolos de massa, o mundo dos esportes e do cinema. Para ele, o sensacionalismo, por exemplo, pode ser definido com base em uma operação de hierarquização de temáticas distintas daquelas que funcionam na tradição racionalista: a escolha de temáticas não sérias ou relevantes, apresentação de recursos tipográficos desproporcionais, a exploração do lado humano das situações e a apelação para a subjetividade dos leitores. Trata-se, muitas vezes, de expressões deformadas, refuncionalizadas, mas que ativam a memória que as coloca em contato com diversos imaginários.

É importante destacar que a imprensa comercial absorve matrizes populares – até porque historicamente a imprensa alternativa, de esquerda, foi incapaz de incorporar em seu discurso esses elementos, fruto da dificuldade do marxismo em lidar com o popular, o cotidiano, a subjetividade e as práticas culturais, como afirma Sunkel. No marxismo, há um popular não representado – em sua religiosidade, medicina, superstições, lendas, romarias. Os jornais de esquerda produzem um discurso reducionista sobre o popular, representando os setores populares quase que exclusivamente no contexto do trabalho.

Podemos dizer que a matriz racional-iluminista rege o jornalismo de referência e a dramática norteia o segmento popular da grande imprensa, mas elas convivem permanentemente.

Matriz dramática	Matriz racional-iluminista
Linguagem concreta	Linguagem abstrata
Público é fruidor, usuário e consumidor	Público é sujeito político ou interessado em saber o que ocorre no mundo
Baseada em imagens, pobre em conceitos	Rica em conceitos
Aborda conflitos interpessoais	Aborda conflitos histórico-sociais
Privilegia um entendimento familiar da realidade	Privilegia um entendimento histórico-social da realidade
Pauta assuntos próximos à vida privada e cotidiana	Pauta assuntos próximos ao "mundo oficial", ao interesse público

A matriz dramática é fruto de uma concepção religiosa e dicotômica do mundo (bem e mal, ricos e pobres). A linguagem é baseada em imagens e pobre em conceitos, e os conflitos histórico-sociais são apresentados como interpessoais. A estética é sensacionalista e melodramática. Na matriz dramática, a imagem que o leitor tem do jornal e o jornal tem do leitor é diferente da relação construída na imprensa de referência.

O leitor é representado como alguém	O jornal posiciona-se como
Sem interlocução com os poderes instituídos	Interlocutor perante os poderes instituídos
Necessitado de prestação de serviço e de assistência social e potencial beneficiário das ações da empresa jornalística	Prestador de serviço e promotor do assistencialismo
Consumidor das ações autorreferentes da mídia que envolvem promoções, brindes e entretenimento	Integrante de um sistema midiático autorreferente
Fascinado com a visibilidade de seu mundo privado e de seus gostos	Mídia de amplo acesso popular que fala do ponto de vista do

(gosto popular de contar histórias, interesse pelos dramas do reconhecimento, visão encantada do mundo)	leitor e dá a ele o *status* de fonte
Desinteressado na explicação de fatos de interesse público, despolitizado e, na maioria das vezes, desligado de movimentos sociais	Um veículo que ilustra o mundo popular sem a pretensão de explicá-lo

A matriz dramática, que norteia os produtos midiáticos populares, tem suas raízes históricas no melodrama e no folhetim. Muitas fórmulas utilizadas pela imprensa para chamar a atenção do público são herdeiras dos folhetins. Os folhetins ajudam a compreender como existe um movimento histórico de mão dupla entre as dinâmicas culturais e as lógicas do mercado no segmento popular da grande imprensa.

Melodrama, folhetim e fait divers

Os recursos narrativos subjacentes ao jornalismo popular são advindos do melodrama, do folhetim e da estética grotesca, que, ao mesmo tempo, que seduzem, informam e divertem, podem legitimar exclusões sociais. A matriz melodramática e folhetinesca tem raízes até hoje percebidas. O melodrama e o folhetim são apenas dois fios que compõem a complexa rede que envolve as matrizes populares, mas é importante destacá-los em função da busca da visibilidade do popular e da submissão da imprensa ao gosto do público.

O melodrama é um espetáculo popular relacionado a formas de oralidade, especialmente na França e Inglaterra desde o final do século XVIII. Mais do que com o teatro, o melodrama tem relação com os temas das narrativas da literatura oral e nasce destinado aos que não sabem ler. O melodrama precisa fazer várias concessões para seduzir as plateias pouco ilustradas, e o espetáculo precisa render financeiramente.

Aliás, o gênero melodramático é a estética popular dominante desde o século XIX e a matriz cultural fundamental da produção simbólica latino-americana. O melodrama é uma espécie de macrogênero que inclui a telenovela, o folhetim, o radioteatro, a literatura de cordel, entre outros. No melodrama, está em jogo uma luta por se fazer reconhecer e o combate às injustiças.

De um modo geral, o melodrama oferece oportunidades e temáticas afins com a categoria estética do grotesco, que atravessa os tempos. Ou seja, ele não é uma recente criação da indústria cultural, embora atualmente esteja ligado a rótulos como "brega" ou "cafona". A temporalidade racionalista da produção capitalista e as temporalidades transmitidas pela família (comunidade, grupo, classe) convivem no melodrama, e há a possibilidade de um entendimento familiar da realidade. O melodrama é o gênero que dá espaço à confluência do público e do privado. Além disso, trata-se de uma oportunidade para a configuração de um sentido de comunidade, de forma avessa aos costumes contemporâneos capitalistas. Se a marca da educação burguesa é o controle dos sentimentos, restritos à cena privada, o que demarcará o melodrama ao lado do popular é o sabor emocional.

O melodrama retorna em produtos culturais cultivados em meios de comunicação que se mostram totalmente sintonizados com a lógica da sociedade de consumo. É frequente constatar em jornais, revistas e programas que o mundo aparece como se fosse governado por valores pessoais, emocionais e morais. Há uma resistência a tudo o que for teórico e abstrato. Todas as soluções para os problemas do mundo vêm da força de vontade do homem e na sua vontade de ver um final feliz.

O melodrama foi modificando-se ao longo da história, mas sua estratégia ainda comporta o apelo aos sentidos e aos dramas dos indivíduos. É produtivo entender os vínculos do romance-folhetim com o romantismo, no que tange à importância atribuída à individualidade e à subjetividade. No romantismo, o homem passa a ser o centro de si mesmo, do sentido do seu viver e os sentimentos são apartados do seu contexto socioeconômico. O romantismo impulsiona a mitificação, a subjetivação e a espiritualização. Há o interesse por situações dramáticas, exóticas e fantásticas. O elemento unificador do movimento romântico é a oposição ao mundo burguês moderno, ao capitalismo, à realidade social.

O melodrama vai transformar-se em folhetim na metade do século XIX, com o desenvolvimento da imprensa na Europa. O folhetim é um elemento-chave da industrialização da imprensa na Europa, por constituir-se no primeiro texto escrito no formato popular de massa e por ter concedido o *status* de personagem às classes trabalhadoras.

Em 1836, dois jornais parisienses transformam-se em empresa comercial. O folhetim ganha o lugar destacado nos jornais *Le Presse* e *Le Siècle*. Naquela época, o folhetim ficava no rodapé do jornal, geralmente na primeira página e destinava-se ao entretenimento. Oferecia chamarizes aos leitores afugentados pela censura napoleônica (piadas, receitas de cozinha ou de beleza, histórias sobre crimes e monstros, crítica teatral ou literária). Aos poucos, caracteriza-se por histórias seriadas. O folhetim nasceu nas mãos de dramaturgos franceses como Alexandre Dumas e Eugene Sue, e, portanto, tem estreita relação com o melodrama, quando não é inspirado nele.

Entre os atributos gerais do folhetim estão: caracterização maniqueísta dos personagens, simplificação, suspense, superexposição e saga autobiográfica. Ele sincretiza elementos do cordel – produzido pelo povo – como o herói todo-poderoso e a luta entre o bem e o mal. Vários folhetins têm crítica direta ou indireta aos problemas sociais da época, como a miséria urbana, os erros judiciários e os dramas da infância. Entre outras características, estão o suspense (para reforçar o contato com o leitor) e a redundância (pois tudo deve ser explicado).

O folhetim representa a conquista de novos públicos para os jornais. É popular, mas já nasce massivo. Não é simplesmente consequência da ganância dos proprietários de jornais, está ligado a ela pela necessidade de fazer as pessoas lerem. Entre suas características estão a linguagem acessível, o suspense e os diálogos breves.

Assim, a farta utilização de registros populares nos jornais é parte da reconfiguração desse discurso jornalístico que se hibridiza por pressão mercadológica e obtém sucesso por se apropriar de características de culturas populares. Os jornais adotam uma estética melodramática que mescla assuntos sérios e temas destituídos de valor jornalístico.

Em suas fases iniciais, o folhetim conhecido como romântico ou democrático baseia-se no cotidiano, especialmente dos segmentos populares, até então marginalizados. Surge como um gênero popular, cujos autores também passam a ser de origem humilde, e, por conhecerem a vida popular, sabem, por exemplo, do deslumbramento que a vida das classes altas causa na população.

Na vertente realista do folhetim, destaca-se Eugene Sue, autor de *Os Mistérios de Paris*. Sue começa a publicar *Os Mistérios de Paris* em 1842,

75

um ano após declarar-se socialista. Veste-se de operário e percorre o subúrbio parisiense. Propõe reformas sociais e faz pregações moralistas. O romance popular, um melodrama repleto de pequenos dramas, faz um sucesso estrondoso ao apresentar personagens em carne e osso. Sue recebia dezenas de cartas, muitas propondo-se a auxiliar os personagens da história. Os operários, de "bárbaros", tornam-se sujeitos. O mundo do leitor é incorporado e seus traços são percebidos na composição tipográfica (letra grande, espaçamento entre as linhas), passando pela fragmentação (narrativa em episódios), pela sedução (estrutura aberta) e chegando ao suspense e ao reconhecimento (identificação do mundo do folhetim com o mundo do leitor).

Os folhetins eram submetidos às exigências dos diretores dos jornais e dos leitores e acabaram sendo escritos com a colaboração do público. Sue chegou ao ponto de ressuscitar um personagem em função do pedido dos leitores. Uma das principais características do folhetim é o envolvimento entre o leitor e a obra. Ou seja, o folhetim dirige-se às mesmas pessoas sobre as quais discorre. Nele, os interesses comerciais provocam a incorporação do imaginário popular.

O folhetim era conservador, mas denunciava a miséria humana e teve muita influência nos debates sobre inúmeros problemas sociais como o reconhecimento da paternidade livre e a lei do divórcio.

Do melodrama e do folhetim, o jornalismo popular herda esse envolvimento com o público, a pressão dos leitores e o enraizamento na vida cotidiana. Enquanto o melodrama no cinema, na televisão ou na literatura é apresentado como ficção e em geral entendido como não empiricamente verdadeiro, a representação melodramática do mundo na imprensa popular busca autenticidade.

Nos jornais de hoje, é raro encontrar-se o folhetim propriamente dito, mas heranças de seu estilo, sua forma e seus valores perceptíveis na mídia como um todo, traduzindo um gosto que se fez popular historicamente no movimento da imprensa em direção aos modos de narrar populares e pelo acolhimento desses produtos entre os setores populares. Entre as diversas formas a que o folhetim deu origem, estão os *fait divers,* notícias diversas sem maiores repercussões. Têm muita relação com a folhetinização e a dramatização da informação, com a não separação entre o público e o privado. São informações do âmbito da mera curiosidade, como as chamadas de capa do *Diário de S.Paulo*: *Atriz Lady Francisco não transa há 18 anos* (16/8/2005) ou *Adolescente espancado quando bebê em hospital quer ser artista* (11/10/2005).

Os *fait divers* são relatos gratuitos e descontextualizados sobre fatos que irrompem na normalidade do dia a dia. Constituem-se em notícias que não têm repercussão, são impermeáveis à realidade política, que não vão além delas mesmas como fatos curiosos, crimes horrendos em lugares distantes, matérias isoladas sobre comportamento animal, acidentes inusitados, deformações monstruosas e fatos aberrantes como a notícia sobre o elefante que se embebedou num barril de cachaça ou a mulher que fez cesariana em si mesma após dois copos de tequila.

Essa abordagem do jornalismo contribui com a atividade jornalística na imprensa popular porque mostra que a relação dos jornais com seus leitores-alvo se dá sobretudo pela cultura. Os jornais populares, para conectarem-se aos seus públicos usam fórmulas que têm historicamente popularidade. Assim, ao trabalhar numa redação de um jornal destinado ao segmento popular, é fundamental ter a consciência de que se está escrevendo para um público que tem determinados hábitos, gostos e interesses.

Os elementos folhetinescos e melodramáticos podem ser encontrados facilmente em toda a imprensa popular, como poderá ser visto no estudo de caso sobre o *Diário Gaúcho*.

CAPÍTULO IV

Um caso: O *penny press* gaúcho

O caso do *Diário Gaúcho* é apresentado pois o jornal leva às últimas consequências determinadas estratégias encontradas na imprensa popular, sem que, necessariamente, reproduza as fórmulas sanguinolentas dos jornais consagrados como sensacionalistas nas décadas passadas. Se comparado a jornais como *Extra*, *O Dia* ou *Agora São Paulo*, o DG é o jornal que apela de forma mais incisiva para uma matriz dramática e folhetinesca, até porque concede amplo espaço para as manifestações de seus leitores em seções específicas e deixa a cobertura política em segundo plano. Mais recentemente, com os escândalos que envolvem os financiamentos de campanha do Partido dos Trabalhadores e seus aliados, houve um aumento da cobertura de política no DG. Os demais jornais populares citados contam com um espaço maior para o noticiário político, ainda que reduzido em relação à imprensa de referência. As temáticas mais lidas pelos leitores do DG envolvem Divertimento (82%), Local (80%), Policial (78%), Classificados (66%), Esporte (63%) Nacional (54%), Economia (42%) e Editorial (37%) (pesquisa realizada pela Marplan, 2003).

CONHECENDO O *DIÁRIO GAÚCHO*

A Rede Brasil Sul (RBS) edita quatro jornais no Rio Grande do Sul: *Zero Hora*, *Diário Gaúcho*, *Pioneiro* e *Diário de Santa Maria*. Os jornais podem ser divididos por região (capital e interior), por classe social (AB e BC), por enfoque editorial (qualificado e popular, segundo denominação da própria RBS) e padrão de consumo.

O *Diário Gaúcho* foi lançado em 17 de abril de 2000. Circula de segunda-feira a sábado, seu preço no início de 2006 era R$ 0,60 e dedica-se principalmente às classes populares da região metropolitana de Porto Alegre, embora circule em todo o estado. Possui editores e repórteres próprios, mas não conta com sucursais – utiliza-se da estrutura administrativa e financeira do *Zero Hora*. Com investimentos de R$ 4,35 milhões, a RBS montou uma redação com 35 jornalistas e equipes de reportagens em toda a região metropolitana.

A RBS colocou, inicialmente, 95 mil exemplares nas bancas. Dados do Instituto Verificador de Circulação (IVC) mostram que em junho de 2000, dois meses depois de seu lançamento, o DG possuía uma circulação diária de 180.337 exemplares. Em 2004, a circulação média ficou em torno de 138 mil exemplares.

O jornal apresenta-se no formato tabloide, circula em cores e tem como uma de suas estratégias a realização de promoções. Na época de seu lançamento, a população foi convidada a escolher o nome do jornal, num concurso que tinha como prêmio um carro zero e que contou com mais de 500 mil votos.

Em seu primeiro editorial, o jornal propõe-se a ser "barato, completo e digno, com linguagem clara e fácil", e revela sua característica popular de imediato ao afirmar que o dia do lançamento foi indicado por uma astróloga. O material promocional de lançamento do DG para as agências de publicidade afirma o propósito de a publicação ser segmentada e destinada às camadas populares.

A RBS pesquisou as classes C, D e E antes e depois de conceber o jornal. Quando o DG foi lançado, uma pesquisa do Ibope, realizada em junho de 2000, mostrava que a maioria dos leitores se situava na classe C, tinha renda de dois a cinco salários mínimos e seu grau de instrução era o primeiro grau completo ou incompleto. Parte dos consumidores do DG não eram leitores de jornal, e após seu lançamento, em 2000, a região metropolitana de Porto Alegre passou a ser a primeira em índice de leitura de jornais no Brasil.

O *penny press* gaúcho prioriza o vínculo com o leitor. O editor-chefe do DG em 2001, Cyro Silveira Martins Filho, afirmou em entrevista a um programa de televisão da TV PUCRS que o *Diário Gaúcho* surgiu destinado a um público que não costumava ler jornal, a um "lumpesinato da informação" (ou seja, pessoas pobres, desempregadas, sem perspectiva, destituídas de poder econômico e consciência política). Por isso, na sua opinião, o jornal é barato, útil, fácil de ler, emocionante sem ser apelativo, e aborda o cotidiano desse público. Segundo Martins Filho, as pesquisas realizadas antes do lançamento do jornal mostraram que o leitor potencial do DG é conservador. O jornalista, um dos idealizadores do veículo, afirmou em uma entrevista a uma revista gaúcha que o DG nunca publicará "páginas de sangue, aberrações, linguajar chulo e nudez ginecológica". Relata que, embora o DG já tenha dado furos jornalísticos importantes, essa não é uma preocupação prioritária. Sobre algumas críticas que o jornal sofreu em seu lançamento, Martins Filho declarou:

> [...] *é um jornal que conquistou a simpatia de crianças, jovens, adultos e avozinhos. Como não seria simpático um jornal que ajuda a conseguir emprego? A economizar? A comprar? A ganhar um dinheirinho extra? A se defender da violência cotidiana? A se divertir? A exigir direitos fundamentais, esquecidos ou desconhecidos? Que ajuda a prevenir-se das doenças. Que orienta na obtenção de auxílio ou socorro? Que está do lado da vida e não admite a banalização da morte? Que defende seus leitores quando ninguém ou instituição alguma está disposto a fazê-lo? Que entende a dor alheia? Que vigia o poder público? No qual pessoas que só seriam notícia em situação de vítimas ou de humilhação são protagonistas de histórias edificantes?*

Fonte: "Páginas de sangue no *Diário Gaúcho*". *Revista Press*, Porto Alegre, 2003.

Os colunistas são, basicamente, radialistas e comentaristas esportivos ligados às emissoras de rádio da RBS (Rádio Farroupilha e Rádio Gaúcha), que já apresentavam empatia com o público. O jornal contou nos anos iniciais com uma coluna do radialista e deputado campeão de votos no Rio Grande do Sul, eleito senador pelo estado, Sérgio Zambiasi.

O DG declara buscar, permanentemente, sinergia com a Rádio Farroupilha. Sua linguagem lembra a do rádio, marcada pela oralidade, pela fala do leitor, pelo assistencialismo, pelo imediatismo das informações e pela ênfase no local. Aliás, o DG legitima-se também por intermédio da autorreferência, ou seja, das informações sobre o próprio jornal e os veículos ligados a ele (RBS TV, Rádio Gaúcha, Rádio Farroupilha e Rede

Globo). A RBS tem apostado nas atividades conjuntas com a Rádio Farroupilha para consolidar sua liderança no segmento popular. Interessada num mercado que representa mais de 70% do consumo na Grande Porto Alegre, a empresa faz a inserção de notícias do DG direto na programação da rádio. Quando declara seus pilares básicos, o jornalismo não é citado, mas apenas "serviços, esporte, segurança e entretenimento".

Para o editor-chefe do *Zero Hora*, Marcelo Rech, que idealizou o DG com Martins Filho, o jornal achou sua fórmula, porém ainda existe espaço para uma tradução maior da realidade e para escapar do que considera certo autismo. O editor-chefe do DG, Alexandre Bach, diz que o jornal busca fazer jornalismo de qualidade, com base na percepção de que existe no Brasil um setor à margem dos direitos básicos:

> Existem jornais diferentes para diferentes segmentos. É um mercado novo que a gente não atendia. Entramos nessa linha com respeito, sem preconceito, para tratar com pessoas que consideram a família, a honra, a palavra. Sabíamos que teria de ser um jornal familiar, que o homem pode comprar e levar para dentro de casa. Em vez de a gente falar coisas para o leitor que nós jornalistas consideramos importante, demos voz a esse leitor. Em alguns espaços a gente também fala do mundo.

O jornal diz estar a serviço "de todos". Um de seus *spots* publicitários na televisão tinha como *slogan*: *Diário Gaúcho, o jornal da maioria*. Em 2005, sua campanha publicitária contava com anúncios que valorizavam o fato de que "todos os dias o DG dá sua palavra de esperança, de estímulo e amizade para mais de 1 milhão de leitores".

O DG iniciou em 2004 o projeto *O Diário Gaúcho Vai ao Seu Bairro*, a fim de melhorar a interação com o público e conhecer de perto a vida dos leitores. Um repórter, um fotógrafo e um integrante do Atendimento ao Leitor ficam à disposição da comunidade visitada e recebem sugestões de pautas e cartas para as diversas seções do jornal. O DG produz matérias sobre as pautas sugeridas e identifica as notícias com um selo que mostra a participação do leitor na pauta. Os leitores integram um conselho, formado por onze pessoas, que se reúnem mensalmente para analisar a publicação.

O jornal apresenta uma média de 28 páginas por dia. É colorido na capa, contracapa e página central e, eventualmente, na editoria de Esportes. Todas as páginas contam com fotos e ilustrações. Seu logotipo traz as cores da bandeira gaúcha e as cores verde e preto foram escolhidas para serem utilizadas nas demais páginas. A manchete de capa usa fontes sublinhadas e em itálico, e as chamadas, em caixa alta, frequentemente têm duas cores para dar ênfase a alguma expressão.

O veículo é alvo de várias críticas pelas suas ambiguidades. Foge do sensacionalismo comum, mas incorre na espetacularização; pretende informar o leitor, mas as informações muitas vezes ficam circunscritas ao campo do entretenimento e dos problemas vividos no cotidiano pelo leitor. O jornal é apelativo, pois nas capas e páginas centrais há diariamente figuras femininas em fotos sedutoras, seguida de legendas vulgares.

Se o sensacionalismo policial e sanguinolento está em baixa, a espetacularização, a mistura entre informação e entretenimento ainda são frequentes. Em uma mesma capa, há manchetes que misturam temas tão diversos como a morte de crianças em um incêndio, resultados do futebol, reclamação da população, mulheres em poses sensuais e, ainda, o destino dos personagens de uma telenovela. Trata-se de uma coleção de fatos desconexos que tornam o jornal dispersivo e pouco explicativo.

A estética do DG também tem esse caráter multifacetado. Conforme Marcelo Rech, é a estética da venda em bancas, do povo, "do bairro Bela Vista, da Azenha, do caminho para Viamão". As fotos que acompanham as manchetes de capa na maioria das vezes são vazadas (seu contorno não é visível) e penetram no texto a que se referem (como a foto de um jogo em que a bola "invade" a notícia) ou, até mesmo, em outros textos, não informativos.

O jornal organiza-se em várias seções. Na página dois, a coluna *Bom Dia!* publica prestação de serviço e agenda. As próximas páginas dedicam-se às notícias das cidades da região metropolitana que "mexem" com a vida do leitor. Na seção *O que há de novo*, são publicadas pequenas notas com informações jornalísticas nacionais e internacionais. Uma página fixa, intitulada *Seu problema é nosso!*, é destinada inteiramente ao leitor, assim como as seções *Meu Jornal, Opinião do Povo* e *Fala, Leitor*. A página central é destinada à vida dos artistas e comunicadores (*Retratos da Fama*) e outras duas, ao resumo de novelas, filmes, destaques da programação televisiva e roteiro de diversões.

O *Clube dos Corações Solitários*, a orientação sexual, os conselhos sentimentais e a programação de cinema ocupam uma página fixa do jornal, em que, por vezes, é publicada a seção *Minha História de Paixão*, na qual os leitores contam histórias de amor. Humor, piadas e palavras cruzadas têm vez e estão presentes diariamente. Os presságios, horóscopo, anjo do dia, simpatias e numerologia também encontram lugar garantido. Na seção *Opinião do Povo*, são publicadas enquetes, a *Fala, Leitor!* é destinada a cartas e o *Meu Jornal* reúne reclamações dos leitores. Duas páginas são dedicadas à polícia (*Ronda Policial*) e outras duas prioritariamente ao futebol. A contracapa é destinada a matérias sobre culinária e moda nos moldes de prestação de serviço. Entre as colunas opinativas distribuídas no jornal, estão as dedicadas a comentários sobre artistas regionais, futebol, cotidiano e a assuntos diversos. Uma vez por semana, o jornal produz uma contracapa com material didático, destinada aos professores.

O jornal interpela o leitor, como é possível observar nos nomes de outras seções publicadas eventualmente: *Pergunte a quem sabe* (leitores perguntam a especialistas), *Divirta-se* (sugere programações culturais hierarquizadas por preços), *Venda seu peixe* (leitores fazem propostas de emprego), *Falando de amor* (leitores escrevem cartas e fazem perguntas), *Falando de sexo* (leitores escrevem cartas e fazem perguntas), *Dê o seu palpite, gremista!* (leitores opinam sobre futebol), *Dê o seu palpite, colorado!* (leitores opinam sobre futebol), *Jardim do Diário* (fotos, textos e desenhos enviados por crianças), *Se você conseguiu emprego através do* DG*, ligue para nós e vire notícia*, *Recorte e cobre* (o jornal aponta um problema, uma solução, um prazo, informa quem prometeu e diz ao leitor onde deve cobrar a promessa) e *Espaço do Trabalhador* (matérias sobre qualificação profissional, com dicas e histórias de pessoas que buscam o aperfeiçoamento profissional).

A mídia – especialmente seus artistas e as novelas – é tema cotidiano nas páginas do jornal, além dos anúncios e da cobertura de suas atividades e promoções. Notícias e reportagens mesclam-se com temáticas oriundas da tradição popular. Pela diversidade de áreas em que a RBS atua, especialmente pelas produções televisivas e produções radiofônicas populares, o DG já nasce autorizado a misturar entretenimento e informação. O jornal aborda matérias de entretenimento, até mesmo na capa, e inspira-se na relação dos ouvintes com as rádios populares. Realiza concursos como o do *Gaúcho mais sexy*, shows musicais, concursos de culinária, ações beneficentes e educativas. Uma de suas promoções, o *Motoboy na linha*, tinha como objetivo conscientizar os profissionais de tele-entrega sobre a necessidade de respeito à legislação de trânsito.

O LEITOR: QUEM É E O QUE DIZ

O jornal abre espaços para a fala do leitor baseado em um permanente diagnóstico sobre quem é seu público-alvo. Estudos da Marplan em 2003 mostram a renda familiar, a estratificação econômica e o grau de instrução das pessoas que leem o DG.

Renda familiar do leitor

Mais de 20 salários mínimos	2%
De 10 a 20 salários mínimos	8%
De 5 a 10 salários mínimos	22%
Até 5 salários mínimos	47%
Não sabe/não respondeu	21%

Fonte: Estudos Marplan. Mercado: Grande Porto Alegre – 1º trimestre/2003.

Estratificação econômica

Classe A	2%
Classe B	31%
Classe C	46%
Classe D/E	21%

Fonte: Estudos Marplan. Mercado: Grande Porto Alegre – 1º trimestre/2003.

Grau de instrução

Ensino fundamental	60%
Ensino médio	34%
Ensino superior	6%

Fonte: Estudos Marplan. Mercado: Grande Porto Alegre – 1º trimestre/2003.

São muitas as seções e subseções destinadas à fala do leitor. A página intitulada *Seu problema é nosso!* mostra-se emblemática da participação do leitor com subseções publicadas em esquema de rodízio – à exceção da seção diária *Disquenotícia*.

• *Disquenotícia*

Ao contrário dos jornais tradicionais em que um leitor eventualmente propõe uma pauta. Sugere pautas ligadas às dificuldades com seus direitos básicos, como moradia, aposentadoria, atendimento à saúde, serviço de transporte, serviço telefônico, defesa do consumidor, saneamento, entre outros. As matérias são sempre motivadas pelo leitor (*Você tem alguma sugestão de assunto que pode virar notícia no DG? Então ligue já para nós*). Os telefonemas, muitos a cobrar, são recebidos por estagiários de jornalismo e repassados toda a manhã para a chefia de reportagem, gerando grande parte da pauta do jornal.

As pessoas que se manifestam nas matérias são, em sua maioria, provenientes das camadas populares. Posam para fotos que corroboram com sua denúncia e são mostradas em casas pequenas e humildes ou ruas sem calçamento, tomadas de mato ou de lixo, ou, ainda, acompanhadas de pessoas doentes em condições precárias. As pessoas interpeladas são aquelas que apresentam um problema a que o jornal considera justo ceder um espaço de visibilidade. Nas matérias do *Disquenotícia*, percebe-se que o leitor escolhido para falar é vítima de várias situações. É tratado pelo primeiro nome, identificado como pessoa comum do povo tanto por sua caracterização, como por sua fala, foto e ocupação. A presença do leitor tem a função de ajudar a contar a história e torná-la real. Os indivíduos e seus problemas específicos tornam-se manchete. O foco está nas histórias individuais da vida cotidiana.

O "local" ganha visibilidade e as pessoas do povo são citadas em primeiro lugar. Contam histórias de seu cotidiano, reclamam e demonstram sua indignação com a inoperância dos serviços públicos. As fontes oficiais, quando citadas, ficam em segundo plano, têm a função de responder às reivindicações dos leitores e normalmente não aparecem nas fotografias, contrariando os jornais mais tradicionais, que exageram no "jornalismo chapa branca".

• *Meu sonho é...*

Se você tem um sonho, escreva para o DG. Alguém pode estar pronto para ajudar você. Assim é a convocação da subseção. Os sonhos publicados tanto se referem ao mundo das necessidades concretas e objetivas, como ao mundo dos mais variados desejos. O jornal não faz a valoração dos pedidos. Coloca no mesmo patamar um alisamento de cabelo, o desejo de conhecer um jogador de futebol e a necessidade de uma perna mecânica. É a seção que mais recebe cartas do leitor. Nos dias que antecederam o Natal de 2005, a seção ocupou uma página inteira, reunindo pedidos de todos os tipos.

Assim como o *Disquenotícia*, o *Meu sonho é...* revela as dificuldades dos segmentos populares e seus sonhos mais pueris. Mais do que isso, demonstra a falta de constrangimento de pedir ajuda, indicando ser a veiculação no jornal a grande esperança de realização dos desejos do leitor. A subseção evidencia, além da miséria e do desemprego, a crença das pessoas na solidariedade, o interesse pelos vínculos sociais e pelos dramas. O jornal publica, ainda, notas sobre sonhos realizados, e, nelas, agradece publicamente às empresas e pessoas que ajudaram: *O Diário Gaúcho também agradece ao bom coração da dona Lea* (29/8/2000). O DG mostra nessa seção como se dedica ao assistencialismo em detrimento do jornalismo. A fórmula é antiga se lembrarmos da expressão: "Vamos abrir... a Porta da Esperança", pronunciada pelo apresentador Silvio Santos num programa que doava, após um sorteio, carros, eletrodomésticos e móveis a pessoas humildes.

• *Clique do leitor*
O espaço destina-se a publicar fotos e textos enviados pelo leitor. São divulgadas fotos para homenagear aniversariantes, crianças e seus ídolos, amigos, entre outras. Até uma edição especial só com bichos de estimação foi publicada. Junto das fotos, pequenos textos dos leitores editados pelo jornal. Muitas vezes, o DG assume a linguagem do leitor (*Estão aí os xodós da vovó Catarina, desejando-lhe saúde e felicidade com muitos beijos e abraços. 21/5/2002*).

Nesse caso, a seção segue a lógica da exposição dos anônimos e estabelece sua diferença em relação às colunas sociais tradicionais já que os próprios leitores fazem seus comentários sobre as fotos publicadas, sem que elas dependam de um colunista. O jornal assume a função de homenagear os leitores, suas famílias e animais de estimação.

- *Casos do outro mundo*

Nessa seção, são publicados casos de assombrações e premonições: *Se você viveu uma experiência sobrenatural, conte para o DG. Sua história pode ser publicada.* Os temas são os mais variados. Elementos do folhetim e do melodrama podem ser encontrados aqui de forma dispersa, como a interface da realidade com a ficção, a incorporação de crenças populares e o gosto pelas histórias orais que passam de geração para geração. *Esse anel tem dona* relata a história de um caminhoneiro que roubou o anel de uma moça morta em um acidente, cortando-lhe o dedo junto. Meses depois, o caminhoneiro deu carona a uma moça que lhe mostrou o dedo decepado e lhe pediu o anel de volta (29/8/2000). Outra história enviada por um leitor, intitulada *Faxina no além*, conta que morreu uma tia sua, conhecida por sua mania de limpeza. Quando foram lhe levar flores no túmulo, perceberam o barulho de alguém lavando o piso com água e vassoura e da cova exalou forte cheiro de sabão (21/5/2003).

- *Convide a gente*

O jornal publica fotos e textos sobre festas e eventos para os quais foi convidado pelos leitores (*para participar do Convide a Gente, convide-nos para sua festa de aniversário, de casamento, de batizado etc. Mas tem de ser festa especial, diferente mesmo. Nós iremos e a fotografia sairá aqui. Escreva para o Diário [...]*). As festas vão desde campanhas por canonização, passando por reuniões dançantes até eventos beneficentes. Quem convida são pessoas anônimas e humildes. A vida cotidiana e familiar pode transformar-se rapidamente num assunto visível, passível de cobertura do jornal: *Para tornar o casamento de sua sobrinha inesquecível, Amadeu Camargo convidou o Diário Gaúcho para fotografar e divulgar o evento* (17/7/2001).

- *Onde anda você?*

No jornal de referência, os casos de desaparecimento são casos de polícia e de utilidade pública; no DG, trata-se mais de desencontros e de procura por familiares desconhecidos ou por pessoas com as quais os leitores perderam o contato. *Mulher procura amiga...* é o título de uma das cartas: *O nome dela é Íris, mas não lembro o sobrenome. [...] Íris é morena, quase negra, e é viúva. O marido dela chamava-se Artidor e*

tinham uns cinco filhos... A família morava lá para os lados do Morro da Embratel, na capital, mas não lembro do endereço. (16/5/2002)
O jornal adota uma visão popular dos desencontros, publica eventualmente fotos antigas e cartas e/ou trechos delas. Aqui cabem perfeitamente as reflexões sobre a noção-chave do melodrama: o drama do reconhecimento. A seção corrobora com modos populares de convivência, como o desprezo pelos sobrenomes, a identificação das pessoas com o local onde vivem, a desintegração familiar e as lamentações decorrentes dela, forjando um vínculo com a realidade popular que não contribui para a qualificação do seu jornalismo.

• *Poemas do leitor*
A subseção publica poemas enviados pelos leitores, ilustra-os e identifica a ocupação ou o endereço do autor. Nos *Poemas do leitor*, fica evidenciada a variedade de papéis que o DG assume: *Como eram lindas aquelas noites quando nossos beijos paravam o trânsito* (26 e 27/8/2003). O jornal lembra um diário pessoal ou um almanaque em que todo o tipo de história é permitido.

• *É você?*
Nesta seção, o DG fotografa pessoas, normalmente lendo o jornal na rua, e as publica. Se a pessoa se reconhecer e passar na redação, ganha um brinde. (*[...] na manhã de ontem, o repórter fotográfico Marcelo Oliveira varava as ruas de Porto Alegre em busca de notícia quentinha para os leitores do Diário e surpreendeu este jovem com o jornal na mão [...]. Amigo, venha até a redação para nos dizer quem é você e nos presentear com o prazer de conhecê-lo. Um brinde de coração do Diário está lhe esperando. Fique frio, não há pressa. Quando for possível, puxe banco e vá sentando* (17/4/2003). Fica evidente a preocupação com a autorreferência, com base na estratégia de fazer os anônimos aparecerem, surpreendê-los com brindes e fazer-lhes um amigável convite para visitar o jornal.

• *A grande história da Farroupilha*
A seção conta histórias apresentadas na Rádio Farroupilha. A tônica da Rádio Farroupilha é a participação do ouvinte diretamente dos estúdios da emissora, ou por meio de cartas e telefonemas. Há o relato dos pedidos atendidos pela rádio.

Outras três seções publicam diariamente a palavra do povo:

• *Opinião do povo*

A seção traz uma enquete e publica as opiniões e as fotos de quem fala. As perguntas vão desde temas políticos, passando por assuntos místicos, pela autorreferência midiática ou por gostos pessoais.

Em uma das edições de aniversário do jornal, a pergunta era: *O que você gostaria de ver a mais no seu DG?* Todos os depoimentos escolhidos para serem publicados afirmam que o jornal é ótimo, é bárbaro, mas sugerem menos coisas pesadas, mais espaço para a terceira idade, mais ofertas de emprego, notícias sobre novelas, piadas e simpatias, e mais espaço para o esporte e para as informações culturais (17/4/2003).

É interessante perceber que o DG faz enquetes sobre assuntos que, em outros jornais, provavelmente não fossem abordados por pessoas da população, mas por um especialista. No DG, quem responde às pesquisas são anônimos e muitas perguntas remetem ao universo das conversas informais. Ao mesmo tempo em que algumas trazem assuntos de interesse da cidadania, muitas causam estranhamento pela inutilidade do questionamento (*Você acha que Juliana Paes está gorda?* – 16/12/2005), e outras destacam-se por pedir a pessoas do povo, normalmente destacadas no jornal por sua pobreza, que respondam sobre, por exemplo, o fim da guerra no Iraque. O que traz de informação relevante, por exemplo, uma enquete que pergunta: *O que achas desse calorzinho?* (11/7/2001) ou *Os gaúchos vão se dar bem no Big Brother?* (15/5/2002)? A prática de colocar populares a falar, não importando o tema, mostra muito mais o interesse de agradar ao leitor do que de informá-lo.

Nessa seção, os populares são chamados a dar sua opinião sobre diversos temas e não é a pretensão de influência que os faz falar, mas a possibilidade de visibilidade no jornal.

• *Fala, leitor*

Trata-se de uma seção que publica cerca de quatro cartas diariamente, uma delas acompanhada da foto (e legenda) de um dos leitores. Diz a convocação: *Se você quiser participar desta seção, escreva para [...]. Não esqueça de colocar nome e endereço completos, profissão, número da carteira de identidade do remetente e um telefone para contato. As cartas serão sele-*

cionadas e resumidas para publicação. Quem escreve são leitores da mesma origem social das outras seções, e os assuntos são os mais diversos, que vão desde declarações de amor, passando por crianças desaparecidas, agradecimentos, críticas ao campeonato gaúcho de futebol.

A autorreferência também se manifesta aqui. Numa das edições de aniversário (DG, 17/4/2003), a seção publicou uma foto de um gaúcho com um cartaz em que constava *Feliz 3 anos, Diário. Pouco é o meu salário, mas consigo ler o Diário.* Um desenho de um troféu para o DG foi publicado acompanhado da frase: *Campeão da informação pelo melhor preço.* A seção publicou ainda a foto de uma leitora que mandou flores e um bolo para redação, de outra que coleciona cadernos com recortes do DG e apareceu vestida com exemplares do jornal e de um leitor que decorou todas as paredes de uma peça com o jornal. Os leitores falam na competência, dizem que é o melhor jornal do país e afirmam gostar de encontrar o jornal quando vão à padaria. Para os leitores, o jornal está ao alcance de todos, é bom, bonito, barato, informa, tem uma equipe brilhante, é inteligente, cativante, é querido, traz a notícia certa sem usar sensacionalismo, *como um irmão, mora no meu coração.* Evidentemente, o leitor que se manifesta foi escolhido e editado pelo jornal. Contudo pode-se dizer que o veículo alimenta uma relação passional. O poder do jornal é transformado em carisma e encanto.

Trata-se de uma seção de miscelâneas em que são reveladas muitas características do conhecimento popular. O DG publica a foto e a carta de uma leitora que escreve sobre almas desgarradas, o texto de um vigilante sobre a guerra do Iraque, as ideias de um funcionário público sobre a erotização infantil. Estudantes fazem declarações de amor, leitores escrevem sobre o que é ser pobre. A seção deixa claro o quanto importa para o jornal permitir que os leitores falem sobre seu mundo. Enquanto em outras publicações as cartas discutem problemas sociais, apontam discordâncias ou equívocos, no DG elas têm função sobretudo emotiva, são cartas propriamente ditas, que revelam características dos modos de pensar populares – o que não estimula a reflexão crítica do leitor.

• *Meu jornal*

Nessa coluna, são resumidas ligações telefônicas para o jornal cujos temas são queixas, reclamações, cobranças, pedidos, reivindicações, alertas, denúncias e eventualmente agradecimentos e elogios (*Estes são os temas de algumas das ligações que o* DG *recebeu*). Os nomes dos leitores não são citados, apenas sua ocupação, posição na família ou situação social (moradora, leitor, mãe, passageiro, consumidor, motorista). Algumas vezes, o jornal assume a linguagem do povo. Os temas variam: preço das tarifas de água, falta de medicamentos, inadequação de horários de ônibus, poluição, ausência de saneamento básico, existência de buracos nas ruas, falta de aulas, falta de leite em pó, acúmulo de lixo, abandono de terrenos, falta de segurança, falta de fichas no posto, dificuldades com o seguro-desemprego, demora de atendimento no INSS, falta de iluminação e precárias condições das escolas. Em algumas edições, ao final da coluna há uma nota intitulada *Explicação para o povo*, que traz as respostas dos setores envolvidos nas reclamações.

• *Algumas edições comemorativas*

O vínculo com o leitor permeia todo o jornal. Desde sua primeira edição, o DG deixa clara sua opção pela fala do leitor, o que pode ser observado nas edições que declaram as intenções do jornal e fazem balanços sobre a inserção do veículo na vida das pessoas, como é o caso do primeiro número e das edições comemorativas de aniversário da publicação.

A edição comemorativa de um ano do jornal apresenta uma única foto na capa, que mostra uma multidão de leitores e faz um balanço sobre as atividades do jornal: *Um ano junto dos leitores!* Além das matérias de rotina e da seção *Retratos da fama* (que traz uma série de fotos de mulheres seminuas), duas páginas são ocupadas para relatar *Vidas que o Diário modificou*. Um editorial destaca:

> [...] *alguns dos personagens destas histórias com finais felizes estão retratados ao lado. Muitos outros leitores ainda são anônimos. Mas para a equipe do Diário eles têm nome, endereço e, principalmente, voz. Porque, diariamente, há alguém na redação disposto a escutar e tentar ajudar na busca de uma saída. Este é o papel do jornal. Informar, divertir e ser o porta-voz dos leitores que honram o Diário com a sua preferência.[...] Nossos parceiros (leitores) podem contar conosco. Feliz aniversário para todos nós!* (DG, 17/4/2001).

Vários *boxes* ao lado contam como o jornal auxiliou os leitores de diversas maneiras. Desde a história da professora que usa o jornal em sala de aula, passando pela aposentada que publicou, com ajuda do DG, um livro sobre um engraxate, até leitores que conseguiram empregos por intermédio dos classificados ou foram vencedores em promoções do jornal. A seção policial é intitulada *Os homicídios* e traz uma síntese dos principais crimes publicados na editoria, sob o selo *O Diário não esquece*. Na página *Histórias que o Diário descobriu*, a reprodução de várias páginas da editoria de Polícia com notícias exclusivas dadas pelo jornal. Na contracapa, em que há matérias de prestação de serviço, o assunto do dia é a receita do bolo de aniversário do jornal: *Nesta festa, você é o convidado especial*.

Na edição que comemora o segundo ano do DG, a capa é composta de fotos de leitores e a estratégia da edição do ano anterior é repetida. *Vidas que ficaram melhor* é o título da matéria que ocupa duas páginas e conta histórias de como o jornal mudou a vida dos leitores: pessoas que conheceram namorados pelo jornal, receberam doações e empregos e tiveram respondidas reivindicações ao poder público. Uma página traz a manchete: *Compromisso com a comunidade: O Diário não esqueceu destes e de outros casos*. A seção intitulada *Seu problema é nosso!*, na edição especial passou a ser denominada *Os problemas eram nossos. E, juntos, buscamos a solução* (17/4/2002). A contracapa é tomada por fotos de leitores lendo o jornal.

Em seu terceiro aniversário, a manchete é: *No nosso aniversário uma homenagem aos leitores: 3 anos!* Na capa, uma foto de um leitor, com a chamada: *Para mostrar por que virou hábito de mais de 1 milhão de pessoas, o Diário acompanhou o dia de Paulo Ricardo de Souza, 38 anos, leitor de "carteirinha"*. O relato do cotidiano do leitor integra uma das páginas intitulada *Obrigado, leitores!* A matéria afirma que o jornal acompanhou o cotidiano do servente de pedreiro Paulo de Souza por ele ser um "leitor típico" do jornal:

> [...] morador do Bairro Mathias Velho, em Canoas, repete todo o dia a rotina de centenas de milhares de pessoas: acorda, bebe seu café, compra o *Diário*, pega o transporte público e segue para o trabalho, na capital.
>
> O dia começa cedo. É escuro ainda quando Paulo despede-se dos dois filhos, Valéria, de um ano e três meses, e a pequena Andressa de apenas três meses.
>
> Ele percorre, a pé, um trecho de cerca de um quilômetro até a estação Mathias Velho, do Trensurb. Na banca existente no local, dá uma nota de R$ 1,00 ao jornaleiro. Em troca, recebe R$ 0,50 e um exemplar do *Diário Gaúcho*.

– É sagrado. Há três anos faço sempre a mesma coisa.
O pedreiro não paga aluguel, mora no terreno de propriedade de sua família. O salário mínimo que ganha por mês é pequeno para as despesas com alimentação, roupas e passagens, sobra pouco para diversão.
– Por isso gosto de ler o jornal. Além das notícias, leio sempre as piadas do Adalba. Na volta, para casa, Paulo ainda cumpre a tarefa de reler o jornal para a mãe [...]. (DG, 17/4/2003)

A edição de três anos conta ainda com uma *Ronda Policial* especial, chamada *Desaparecidos: Diário aliviou drama de 52 famílias este ano*. A matéria relata que o jornal presta mais de cem atendimentos por mês sobre pessoas desaparecidas. O texto destaca:

Diariamente chegam à redação tristes histórias de pessoas que procuram familiares desaparecidos. São mais de cem atendimentos por mês, entre telefonemas em busca de informações e pedidos de publicação. Mas também chegam boas notícias. Das 75 fotos publicadas neste ano, 52 pessoas foram encontradas, uma média em torno de 70%. [...] Vários casos são relatados e o jornal orienta como proceder para que o desaparecimento seja publicado no jornal.

Como vimos, a informação jornalística fica num segundo plano.

DIFERENÇAS EM RELAÇÃO AO *ZERO HORA*

É difícil comparar os conteúdos e abordagens do *Zero Hora* e do *Diário Gaúcho*, pois são raras as pautas comuns, com exceção da cobertura de Esporte, especialmente do futebol e, eventualmente, de Polícia. Quando as demais pautas coincidem, o enfoque é diferente. Por exemplo: na época da maior feira agropecuária da América Latina, a Expointer, que ocorre em Porto Alegre, o *Zero Hora* cobre o evento do ponto de vista da chegada dos animais e o DG, do ponto de vista da criação de vagas de trabalho.

As coberturas também variam em suas dimensões. No *Zero Hora* de 15/12/2005, uma chamada de capa alerta para o custo da convocação extra dos deputados e senadores: *Convocação extra custará R$ 100 milhões*. A chamada remete para uma matéria de página inteira na editoria de política com o título *Convocação terá custo milionário*. O texto explica que o custo da convocação se deve ao pagamento de dois salários extras a todos os congressistas e das gratificações extras aos servidores das duas casas. Apresenta as sugestões de calendário dos presidentes da Câmara e do Senado, relata a crise gerada entre as duas instituições, cita opiniões dos presidentes e analisa o isolamento político do presidente da Câmara. Um *box* contém um artigo do colunista do *Zero Hora* em Brasília, analisando o que denomina de "Mesada natalina". No DG, o assunto foi tema de uma nota de nove linhas na edição de 16/12/2005, na seção *O que há de novo*. Na mesma seção, notas variadas sobre uma nova-iorquina que jogou o filho pela janela de um edifício durante um incêndio, um temporal em Minas Gerais, a criação da taxa de iluminação pública em um município gaúcho e a possível farsa da história de uma mulher que teria sido resgatada dos escombros de sua casa na Cachemira dois meses após um terremoto.

Em algumas matérias publicadas em ambos, é possível perceber que no jornal de referência as matérias são mais contextualizadas e a linguagem é diferente. A matéria *Aprovada taxa de luz na Capital*, do *Zero Hora* de 16/12/2005, ocupa uma página inteira da editoria de Política e relata que os vereadores da capital aprovaram projeto que cria a contribuição de iluminação pública. Relata o debate entre os partidos, entrevista um líder partidário da Câmara de Vereadores e o secretário municipal da Fazenda. Um infográfico explica quem paga, quem fica isento, como será a cobrança e quanto a prefeitura vai arrecadar. Na página, consta ainda uma matéria sobre como as bancadas da Câmara de Vereadores de Caxias do Sul estão tratando do tema e entrevista vereadores. Um *box* lista todos os vereadores e informa como votaram. No DG, o tema virou manchete de capa: *Ano novo, mordida nova* diz a manchete que remete para a matéria intitulada *Luz da rua vai refletir no bolso*. Um texto curto explica a criação da contribuição e informa quanto a prefeitura estima arrecadar. Não há entrevistados, nem informações sobre os debates entre os partidos. Em comum, dois *boxes* que dão os detalhes da cobrança mostram o placar da votação com a foto de cada vereador.

Muitas matérias do DG dificilmente sairiam no *Zero Hora*. Uma delas, intitulada *Mãe sonha para os filhos*, conta a história de uma dona de casa que tem cinco filhos, três deles com graves problemas de saúde e ganha apenas um salário mínimo. Um filho sofre de retardo mental, outro de microcefalia e epilepsia e outro de esofagite. A mãe escreveu para a seção *Meu sonho é* para obter ajuda e o jornal publicou a matéria que conta como a família está sendo auxiliada por outros leitores. Nesse caso, há uma história dramática de fato e o jornal a relata também de forma dramática. O intertítulo da segunda parte da matéria, que reporta o auxílio que a mãe recebeu dos leitores, é *Uma revoada de anjos*. A matéria talvez pudesse ser publicada na época de Natal, do Dia das Mães ou das Crianças, períodos em que normalmente todos jornais abrem espaços para "histórias humanas". Caso a matéria tivesse espaço, a família carente apareceria como gancho para um relato mais contextualizado sobre casos semelhantes ou sobre o abandono em que se encontram pessoas na mesma condição. Dificilmente a mãe das crianças apareceria na foto que acompanha a matéria e provavelmente a notícia teria a participação de fontes oficiais.

Um fenômeno interessante é a absorção, por parte do zh, de fórmulas usadas pelo DG, como foi o caso da chamada de capa sobre as promessas de Lula para 2006, cercada com um pontilhado seguido de uma pequena tesoura – prática comum no DG quando pretende induzir o leitor a cobrar as promessas de algum órgão público.

A diferença das manchetes e chamadas de capa dos dois jornais fica evidente não só pelo enfoque, mas também pelo fato de o *Zero Hora* dar uma cobertura maior do estado.

15/12/2005	Zero Hora	Diário Gaúcho
Manchete principal	– *Pacote reduz ICMS para luz e pão e socorre calçadistas*	– *Departamento de água da capital e Telefônica oferecem descontos para pagamentos à vista: Brasil Telecom e Dmae aliviam com devedores*
Algumas chamadas de capa	– *Convocação extra custará R$ 100 milhões* – *Copom reduz o juro em mais 0,5 pontos* – *Imagem de Lula sofre maior queda*	– *Leia estes pedidos com o coração (pedidos ao Papai Noel)* – *Juliana Paes: "engordei horrores"* – *Parabéns: os 100 anos da vovó Cecília*

16/12/2005	Zero Hora	Diário Gaúcho
Manchete principal	– Passagens de ônibus intermunicipais terão reajuste de 10,5%	– Vereadores de Porto Alegre aprovam contribuição de iluminação pública: Ano-novo, mordida nova
Algumas chamadas de capa	– Líder de pesquisas na Bolívia ameaça Petrobras – Absolvição na Câmara gera indignação – Justiça afasta controladores da Varig	– Estupros apavoram em Portão – Alvorada registra 80 mortes em 2005 – Garrafas pet viram estrelas da esperança – Sandrinha pula fora do Caldeirão (foto da assistente de palco do programa "Caldeirão do Huck", seminua)

17/12/2005	Zero Hora	Diário Gaúcho
Manchete principal	– Economia gaúcha tem pior desempenho dos últimos anos	– Adolescentes na mira do crime no Santa Tereza
Algumas chamadas de capa	– Deputada é processada por improbidade – Funcionalismo: mais de 80% aderem a empréstimo – Gastos públicos: governo cria mais 5.199 cargos – Em média, gaúchos ficam 13 anos casados	– Papais-Noéis que se chamam Dalva, Irena, Nara... – Na Globo: a musa dos especiais de fim de ano – O sonho do emprego no Natal – Belém Novo: santa volta ao altar

CARACTERÍSTICAS DRAMÁTICAS

Se o melodrama é um sistema que insiste na ideia de que a política só é interessante quando afeta a vida diária e os sentimentos, o DG partilha involuntariamente da mesma crença. Em geral, não há cobertura cotidiana da política municipal, estadual ou nacional. Os cenários políticos e econômicos e seus personagens não têm vez, a menos que se relacionem a alguma denúncia de cunho local ou que sua abordagem tenha grande importância política, ou o resultado das eleições no Brasil e a corrupção no Congresso Nacional.

Assim como na estética do melodrama, o mundo é apresentado como se governado por valores e forças morais, emocionais e pessoais e não por forças econômicas e interesses políticos, como muitas vezes mostram os jornais de referência. A proximidade é um importante fator de vínculo, por isso a preferência pelo local no sentido não só do local geográfico, mas do lugar onde se vive. A participação dos leitores evidencia a importância da identidade com esse lugar de onde vêm.

Ao tentar adequar a informação jornalística a temáticas e a linguagens consideradas populares, o DG coloca, no mesmo *status* de informação, discursos de campos diferentes do jornalismo. O discurso jornalístico muitas vezes subordina-se ao do entretenimento (chamada de capa: *Triângulo armado na novela das oito* – 23/6/2000).

A informação desejável não é aquela que produz conhecimento, e sim a que produz um efeito estético ou dramático. Os próprios leitores passam a ser personagens de histórias que muitas vezes lembram a ficção. As notícias representam sintomas de problemas sociais em histórias como a do taxista preso três vezes no lugar do irmão por falha da Justiça e a dos meninos carentes que não possuíam calçados para usar no desfile de 7 de Setembro.

Como no folhetim, o herói pode ser tanto assassino quanto simpático. *Como foram os dias de cadeia de Lili Carabina* é a manchete de 24/11/2001 e refere-se à assaltante de banco procurada pela polícia gaúcha, denominada pelo jornal de *Lili Carabina dos Pampas*. Diz a matéria que a assaltante é religiosa, reza pela filha e pelas colegas, cuida do corpo e adora folhear revistas de surfe. Segundo sua colega de cela, Lili é "superlegal" e adora ler e estudar.

O jornal dá crédito a crenças religiosas e populares. A manchete do dia 14/11/2001, *Noite para Deus provar que é brasileiro*, referia-se ao jogo da seleção brasileira contra a Venezuela. Encontra-se também títulos como: *A casa do Espanto: Família enfrenta apuros*. Segundo o resumo da notícia: *Depois de deixar a casa onde supostos fenômenos paranormais aconteciam, os fantasmas do desemprego e da falta de moradia ameaçam a família assustada* (15/5/2003). *Há 18 anos ela é uma morta-viva!* (10/7/2001) é o título de uma notícia, manchete principal do jornal, com foto de uma mulher considerada morta desde 1983. Também deve-se destacar, além da seção *Casos de outro mundo*, já comentada, os *Presságios do Professor Nathanael*, que reúnem informações sobre astrologia, anjos e simpatias. Uma das simpatias, intitulada *Para ganhar dinheiro...*, recomenda: *pegar uma nota de qualquer valor e colocá-la dentro de uma xícara grande com açúcar. Deixar no sereno. No outro dia, passar a nota para uma xícara pequena, colocando-a dentro de xícara grande. No terceiro dia, é só colocar a nota dentro da carteira e jogar o resto do material em água corrente* (2/6/2000). Outra simpatia tem o objetivo de "deixar as pernas bonitas": "[...] *aproveite uma noite de lua nova para fazer uma mistura de mel com água da chuva e massageie as pernas sob o luar* [...]" (23/10/2002). Essas simpatias assim descritas corroboram com um modo de pensar de que haveria soluções para a melhoria de qualidade de vida dos leitores que passam distante de estudo, qualificação profissional e justeza das políticas sociais e econômicas.

O tempo da cotidianidade ganha espaço. *Olha a gauchada dando cria!* é o título de nota sobre o nascimento dos filhos de dois músicos gaúchos (17/4/2001). *Família Santos já está pronta* é o título da matéria que mostra como uma família vai torcer pelo Brasil na Copa assistindo ao jogo numa TV mais moderna (17/5/2002). Jornalista, leitor e personagens das notícias trocam constantemente de posição. *Jogadores convocam você!* é a chamada de capa de uma matéria em que são publicados bilhetes dos jogadores do Internacional e do Grêmio para os torcedores (26 e 27/10/2002).

Há prioridade para um entendimento familiar da realidade e o jornal passa a ser lugar de encontro entre os tempos pessoais, familiares e sociais. *Família unida no canteiro de obras*, de 26/10/2002, é o título da matéria sobre parentes que trabalham juntos numa construção: [...] *com o tempo, a profissão vai passando de pai para filho* [...], *afirma um dos entrevistados*. As instâncias do público e do privado confundem-se.

O jornal fala aos leitores como um amigo íntimo: *[...] quem sabe, no futuro, **você** nos convide para o casamento, o batizado, as bodas de prata. Não se acanhe!* (17/4/2000).

Nas colunas fixas como *Falando de sexo* e *Falando de amor*, os consultores também assumem uma linguagem popular. *Onde há fumaça não haverá mais fogo*, diz o título da coluna que aborda o cigarro como vilão da sexualidade. Na coluna *Falando de amor*, a consultora responde aos leitores quase no mesmo tom das cartas melodramáticas: *Confesso que a carta de Sandra me comoveu* [...] (22/10/2002). Também são usuais chavões e lugares-comuns, como é o caso do título *Vai uma cervejinha aí, marmanjo?* (25/1/2002) ou da caracterização de atores e modelos como "lindérrimos" (25/10/2002). O jornal também costuma apropriar-se da linguagem do leitor:

> *Esses avós muito especiais são o seu Adão e a dona Denilda, que moram em São Jerônimo. A homenagem aos avós tão queridos partiu dos netos Karem e Junior. "Vocês são pessoas maravilhosas, honestas, íntegras, ótimos pais e, principalmente, avós corujas. [...]". Especiais são esses netos tão carinhosos!* (DG, 13/8/2002)

O termo "leitor" sobrepõe-se à origem social ou profissão de cada indivíduo que fala, pois ser leitor do *Diário Gaúcho* é o que dá identidade a este indivíduo. Os personagens que interessam ao jornal são as pessoas comuns – os desabrigados, os injustiçados, os doentes –, que, elevadas à condição de fontes, autores ou referentes de muitas falas no jornal, são representadas como alheias ao mundo dos movimentos sociais, das instituições, das ONGs, da Academia, dos sindicatos, das associações, das prefeituras, dos governos.

O DG não se caracteriza pelo sensacionalismo na área policial, embora se assemelhe aos jornais desse tipo ao dramatizar e singularizar os fatos: *Jerri Adriani tem que provar que é mulher*, título de matéria publicada em 21/6/2000, sobre mulher que foi registrada com o nome do cantor. Nesse tipo de jornal, não é a apresentação de dados que produz o senso de realidade, mas a apresentação de personagens reais. *Senhor Ladrão: Por favor, devolva os exames* é o título de matéria acerca de um aposentado, que, com a ajuda de amigos e familiares, conseguiu comprar um carro para seus deslocamentos até o hospital a fim de fazer hemodiálise (29/3/2001). O carro acabou furtado com todos os documentos pessoais e exames laboratoriais feitos nos Estados Unidos.

O jornal mescla matrizes culturais e incorpora elementos de uma matriz dramática, até porque se trata de uma das características do cotidiano de seus leitores. Tem como principal estratégia fazer com que o leitor se reconheça em seu texto. Baseia-se na emoção e não na razão. *Nostradamus estava certo?* foi a manchete do dia 15/9/2001, acerca das repercussões do atentado ao World Trade Center. Adota o tom do espetáculo (*O dia em que Silvio Santos parou o país* era a manchete de 31/8/2001, sobre a invasão da casa do apresentador) e do exagero (*Grêmio vive uma noite de "imortal"* – 16/5/2002; *Poeira atormenta a vida de uma rua* – 16/5/2002).

Aliás, o jornal lançou uma edição especial de 12 páginas sobre o desfecho da invasão da casa do apresentador e dono do SBT, mantido refém por um sequestrador, em 30/8/2001. A manchete lia: *O terror visita Silvio Santos.*

Notícias sobre dramas de reconhecimento são frequentes. *Filha procura a mãe* é o título de um texto enviado pelo leitor, e em um dos trechos da carta lê-se: *Eu fui criada por uma mãe adotiva, que me disse ter deixado minha mãe verdadeira em uma parada de ônibus, à espera de uma linha em direção ao Morro Santa Tereza* (17/5/2002).

É constante o relato dos ídolos da televisão (*Ela é invejada por todos* – 28/10/2002 – notícia sobre atriz da série Sandy & Júnior) e do mundo dos esportes (*Face a face com o inimigo* – 28/10/2002, matéria acerca de torcedores que provocam os adversários na divisa entre as torcidas).

O jornal também apresenta recursos tipográficos desproporcionais, a exploração do lado humano das situações (*Aqui a tristeza não entra* – 23/10/2002, sobre grupos da terceira idade) e a apelação para o sonho dos leitores, como na seção de cartas *Fala, Leitor: Sou pobre e tinha um sonho: ver uma carta minha publicada no jornal. [...] Para mim, foi fundamental. Só recebi elogios de pessoas que me viram no jornal. O Diário Gaúcho é o nosso jornal* (17/5/2002).

No mundo do jornal popular, assim como no folhetim, a emoção (*Bebê fica sem ar por falta de luz* – 22/10/2002) e a moralidade são chaves. No caso da moralidade, é bom lembrar que as histórias mais rocambolescas são bem-vindas, desde que no final não afrontem os padrões morais vigentes.

O melodrama apresenta uma estrutura dramática que joga com quatro tipos de sentimentos básicos: medo (*Volta às ruas dominadas pelo medo*) – 26 e 27/10/2002), entusiasmo (*Um Gre-Nal que promete!* – 26 e 27/10/2002), lástima (*Greve de médico prejudica paciente* – 25/10/2002) e alegria (*As bebidas do clássico já estão gelando* – 24/10/2002). Também é dotado de um papel de crítica social: *Consulta com ginecologista demora um ano* (26 e 27/10/2002). Diz a leitora:

> *Vi na tevê que a Patrícia Pillar descobriu que estava com um tumor e, em menos de uma semana, conseguiu se curar. Para a gente que é pobre, não adianta descobrir cedo. Não tem médico mesmo.*

O público reencontra nos textos elementos de sua memória afetivo-cultural. *O guerreiro apenas descansa* diz o título da matéria que se refere à recuperação de Ronaldinho (17/4/2000). Escreve o Resumo da Notícia: *Ronaldo anuncia que ele, o lutador, está ferido, mas não morreu* [...]. Vale a pena notar que as fotos e os títulos de algumas seções, como é o caso da subseção *Disquenotícia*, geralmente herdam características da tradição melodramática do teatro, do cinema e da televisão.

A notícia, por vezes, apresenta um tratamento gráfico pouco usado na imprensa de referência. *Exclusivo: A discreta paixão de Falcão e Cristina* é a chamada de capa da matéria que aborda o romance de um comentarista esportivo e uma apresentadora de um telejornal gaúcho (17/4/2002), sob um selo em forma de coração.

Suas matérias muitas vezes inspiram a piedade e estimulam a solidariedade por intermédio de um apelo direto aos sentidos.

Os moradores criaram um código próprio para avisarem sobre a presença de criminosos. Quando percebem a ação de bandidos, [...] acendem luzes, batem panelas e fazem bagunça para espantar os "visitantes". (DG, 26 e 27/10/2002)

Dona Benta faz apelo pelas doações é a matéria em que a atriz Zilka Salaberry tenta sensibilizar a população para a doação de órgãos, motivada pelo fato de o filho estar na fila de espera por um transplante de pulmão (20/1/2002). A dramatização da experiência humana é frequente (*Homem denunciado por torturar bebê* – 23/10/2002; *Mãe dá à luz e abandona o filho* – 31/8/2001). O *Diário Gaúcho* também costuma fazer descrições simples e concretas de situações claras e fortes, sempre dentro dos padrões morais e da lei: *A vida na vila sem água e sem luz* (20/1/2002). Os leitores veem seus problemas cotidianos valorizados. A matéria *Corte de árvore traz sossego à família* conta a história do auxiliar de serviços gerais que voltou a dormir tranquilo depois que conseguiu, mediante a intervenção do jornal, cortar uma timbaúva em frente à sua casa (15/7/2001).

A bondade é uma qualidade associada aos pobres, e, muitas vezes, o jornal leva os personagens de suas notícias a se sentirem "heróis". *Exemplo de superação para ajudar* é o título de uma matéria acompanhada de um selo com a inscrição "Lição de vida". O texto refere-se a uma paraplégica de 57 anos, que, mesmo sem poder sair da cama, comanda projetos sociais e organiza semanalmente um sopão para cem pessoas. A matéria vem acompanhada de uma foto da mulher deitada em seu leito, cercada das crianças a quem presta ajuda (15/7/2001). Muitas vezes, o jornal atribui atos de heroísmo aos personagens e recupera o gosto popular de contar histórias. *Motoboy e vigia, boleiro e mecânico...* é o título de uma reportagem sobre pessoas que trabalham dupla jornada: *O guarda municipal* [...] *concorda que a rotina é puxada, mas diz estar acostumado a trabalhar muito e dormir pouco* [...] (17/4/2002). Predomina uma visão local ou doméstica dos fatos: *Carrapatos fecham escola de Alvorada.* Diz a notícia que as aulas foram suspensas pela manhã para uma dedetização no prédio (24/10/2002). *Herói veste os carentes* é o título de uma matéria sobre um paraplégico que costura roupas para pessoas carentes (17/4/2002).

Os temas que envolvem a prestação de serviço e assistência social ao leitor podem ser relacionados a algumas características adotadas pelo melodrama, em especial a solidariedade, o estímulo à virtude e a reparação das injustiças, sempre nos limites da ordem social. Quando o jornal aposta na prestação de serviços, ela é realizada por intermédio de uma linguagem popular. Numa matéria de capa inteira, com dicas para evitar o estresse durante o Gre-Nal, um dos conselhos é *Faça poses na frente do espelho: ensaie sua comemoração, seu grito de guerra* [...] (25/10/2002).

No DG, o entretenimento está diluído pelo jornal e manifesta-se, sobretudo, nas piadas, matérias sobre futebol, misticismo, artistas ou novelas. A edição de 31/8/2000 publica duas matérias sobre novelas: uma tem como título *Roupas rasgadas e sexo no chão!* e aborda "a paixão entre Pedro e Cíntia" na novela *Laços de Família* e a outra, intitulada *Vida de prostituta é assim, Capitu?*, trata da discordância dos telespectadores quanto ao rumo da personagem Capitu na mesma novela. O fato de uma personagem da novela *Porto dos Milagres* tornar-se prostituta é notícia na matéria *Quenga, sim!*, de 12/7/2001. Ou seja, os personagens adquirem vida própria, como se não pertencessem a uma novela. Além disso, o mundo dos artistas da TV tem espaço garantido. Na capa do dia 11/7/2001, uma chamada com foto dava conta de uma crise conjugal de Silvio Santos (*É o amor: Silvio Santos vive tormenta conjugal*).

Outra característica interessante percebida frequentemente no jornal como um todo e diariamente na subseção *Disquenotícia* é o uso de um lide *não factual*. O lide é denominado de *noticioso* (muito usado nas notícias da imprensa de referência) quando responde as questões principais em torno do fato, e de *não factual*, quando lança mão de outros recursos para chamar a atenção do leitor. Por mais que conste na matéria uma solução para o caso, esta se localiza nos últimos parágrafos e a informação principal não vai para o título. Trata-se de priorizar a narração, muitas vezes de forma cronológica, e a visibilidade do leitor em detrimento da notícia. O lide de uma das matérias lê: *O cobrador de ônibus João Alberto de Souza Rodrigues, 26 anos, levou um susto ao passar por uma ponte de madeira próxima à casa dele, na Vila Tupã, em Alvorada.* O título: *Pontilhão desmorona e homem cai em valão.* A solução para a reconstrução da ponte, dada pelo secretário de Obras do município ficou no final da matéria de 11/7/2001.

Por todo o jornal é possível encontrar traços atribuídos ao conhecimento popular, como neste trecho:

> *Brasil poderoso, onde o acomodado espera o mar pegar fogo para comer peixe frito. Onde os desempregados tomam conta das ruas e das calçadas. Você aí, que dá o primeiro passo com Jesus no coração e vem a mim com limite divino, será ajudado na pescaria.* (Trecho de carta do leitor, DG, 24/10/2002).

O jornal trabalha com uma ética instrumental. Há uma tendência do conhecimento popular em permanecer no nível cognitivo da representação sensível, preso à concretude da realidade. Os indivíduos tendem a assuntos econômicos e políticos relacionados com o mais próximo e concreto de suas vidas, dificilmente detectam as causas dos problemas, o que importa é o inusitado (*Dono de lancheria mata ladrão que atacou desarmado* – 24/10/2002). Há uma aderência ao real imediato e uma incapacidade de descolamento e distanciamento dos fatos (*Sinaleira arrumada, mãe sossegada* – 25/10/2002).

A ideia de que qualquer um dos leitores poderia estar ali relatando aquele caso é de grande apelo. Os títulos normalmente já apontam a particularização e o assunto não é ampliado para o interesse coletivo (*Doméstica solicita canalização de esgoto* é o título de uma matéria do *Disquenotícia*, cujo fim apresenta uma manifestação da assessoria de comunicação da prefeitura, afirmando que o pedido da moradora foi incluído no cronograma de atividades da Secretaria Municipal de Urbanização – 01/09/2000).

O relato sobre o DG serve para ilustrar o conteúdo dos jornais populares e mostrar o universo com o qual os jornalistas se defrontam. O jornal interpela o popular em sua posição de impotência social e seu restrito entendimento familiar da realidade. Assim como no melodrama, o jornal é escrito para os que têm dificuldades na leitura e são seduzidos pelas imagens, pela retórica do excesso e pelo forte sabor emocional. Ao conceder lugar para a fala dos populares, o DG inova porque no mercado simbólico do campo jornalístico, a manifestação popular tem uma tímida história de inclusão nos jornais impressos. A fala do leitor, aparentemente democrática e dotada de características qualificadoras, num exame mais apurado pode revelar-se uma *mise-en-scène*.

Quando publica a fala do leitor, o DG compensa simbolicamente o que a sociedade não oferece aos setores populares como interlocução com o poder e visibilidade e valorização da vida cotidiana, mas segue impondo suas definições de mundo social. O jornalismo destinado aos setores populares, para ser de qualidade, não tem sua definição tão somente na concessão da palavra ao povo, embora se trate de um procedimento de fato relevante, mas sim por conseguir dar espaço à fala popular e transcendê-la, sem abdicar de seu papel, ou seja, abordando o sistema de exclusão social, por exemplo, de maneira a ultrapassar os relatos das carências individuais. A fonte popular ajuda a explicar seu mundo, mas não é responsável por si só pela realização da notícia. A urgência dos necessitados explicitada no DG não pode imobilizar a notícia ou inviabilizar a reflexão.

Mas seria muita soberba desconsiderarmos o papel do DG entre os setores populares. Ao jornalismo não cabe dar voz somente aos que afirmam sua capacidade discursiva, mas também contribuir com a inclusão dos que não se organizam para ter sua fala escutada.

CAPÍTULO V

A prática do jornalismo popular

Depois de um passeio pelos jornais do segmento popular, chegou a hora de detalhar algumas práticas cotidianas dessa imprensa, muitas delas usadas também eventualmente pelos jornais destinados às classes A e B para ampliar suas tiragens.

Não existem fórmulas prontas para se editar um jornal popular, mas há algumas evidências sobre o modo de fazer esses periódicos, captadas com base em diversas entrevistas com editores e jornalistas de veículos populares e da observação crítica sobre as publicações.

CAMINHOS PARA A POPULARIZAÇÃO

Conhecimento do leitor

A primeira questão-chave do jornalismo popular é conhecer o público-alvo. O *Diário Gaúcho*, por exemplo, tomou como base pesquisas que mostram o conservadorismo dos gaúchos para decidir sobre a linha editorial do jornal.

Os jornalistas não podem deixar de considerar o perfil de seus leitores porque há a necessidade de elaborar formas de se direcionar aos setores populares, sob pena de a lógica empresarial encarregar-se sozinha disso. Enquanto as empresas e seus departamentos de marketing desenvolvem cada vez mais técnicas de aproximação do leitor, raras são as reflexões sobre o jornalismo impresso e suas relações com o público. A redação que não elabora estratégias jornalísticas para se aproximar do leitor fica ainda mais refém das fórmulas dos departamentos de marketing.

A preocupação com o leitor integra o interesse pelo mercado e pelo jornalismo como negócio, noções com as quais os jornalistas e pesquisadores trabalham com dificuldade. O conhecimento sobre o público leitor nunca é exposto como obrigação do jornalista, assunto imediatamente remetido ao campo do marketing.

A ojeriza à submissão mercadológica, por parte das redações, tem razões importantes, como distorções, invenções, exageros e deslizes éticos cometidos em nome do aumento das tiragens até hoje. Afinal, muitos jornais "forçam a barra" para tentar aproximar-se do leitor: *Funcionários do Santa Inês já estão putos com os novos chefões* é o título de matéria sobre a expectativa de funcionários de um hospital do Balneário Camboriú sobre uma reunião que iria decidir assuntos de interesse da categoria. A matéria usa expressões como *comissão de abobrões* e afirmava que duas enfermeiras deveria *vazar* do hospital *rapidinho* porque gritam com os funcionários e médicos e dão *esporro* nos demais enfermeiros na frente dos pacientes (*Diário do Litoral*, 2/12/2005).

A manchete do *Tribuna do Paraná* no mesmo dia também forja uma aproximação com o leitor pela linguagem: *Pedófilo pede para morrer: marmanjo maluco*. Explica a chamada de capa: *Wagner Ramaldes foi pego fotografando crianças nuas por R$ 5 e R$ 10. Caiu na água e implorou para a polícia atirar*. Nesses dois casos, é pouco provável que o leitor tenha uma linguagem tão chula. A menos que esses jornais atraiam seu público justamente por adotarem uma linguagem *trash*. Títulos como *Delegado é preso dirigindo bêbado e com traveco na carona* e *Galheta continua livre pra turma mostrar o bilao e a xeca* (sobre praia de nudismo), ambos do *Diário do Litoral* de 12/12/2005 parecem ter apenas a intenção do escracho. Outra hipótese é que as redações não conheçam seu público-alvo, correndo o risco de forjar uma linguagem estereotipada que provoca o efeito contrário: o afastamento do leitor.

As redações não podem apagar do seu horizonte a existência de um público leitor de jornais. Como quem lança garrafas ao mar, muitas vezes os jornalistas escrevem sem saber nada sobre o leitor. Todo jornal, para tornar-se viável, precisa ser dirigido a um mercado de leitores. Quando os profissionais esquecem que escrevem para serem lidos, acabam reforçando a distância da maioria da população da informação de qualidade. É salutar pensar o jornalismo no plural, para públicos diferenciados, sem, por isso, abrir mão dos princípios éticos, ou seja, é possível fazer jornalismo popular sem apelar, sem submeter-se simplesmente à ideia de vender jornal. As mesmas razões éticas que os jornalistas têm para não sujeitar a atividade ao mercado de bens materiais devem levá-los a refletir mais sobre o mercado simbólico envolvido na atividade jornalística. Afinal, o fato de dirigir-se a determinado tipo de leitor não é uma estratégia só do plano mercadológico, mas, fundamentalmente, do plano comunicacional. Corre-se o risco de que haja, cada vez mais, um jornalismo especializado em atender apenas formadores de opinião e um pseudojornalismo dirigido às maiorias.

Conhecer a realidade do leitor é uma meta central dos jornais populares, porque no jornal de referência os jornalistas estão ambientados com seu público. Mas conhecer o leitor não significa necessariamente subordinar-se por inteiro aos seus interesses. Assim, fazer jornalismo popular exige vigilância por parte do profissional que deve pensar sempre em para quem está escrevendo. Não para noticiar apenas o que aparentemente interessa ao leitor, mas sobretudo para ser simples, didático e utilizar uma linguagem próxima à da população.

Quando um jornalista vai trabalhar numa publicação segmentada como uma revista feminina ou masculina, um suplemento de jornal destinado a adolescentes ou um caderno de economia dirigido a formadores de opinião, obrigatoriamente precisa pensar no perfil de seu público para adequar a linguagem do seu texto. O mesmo ocorre com jornais que incluem em seu público setores das classes C e D. Assim como o adolescente não pode ser tratado como um tolo numa publicação dirigida a ele, o jornal popular também deve ter cuidados para aproximar-se da linguagem do público, sem deixar de tratá-lo como cidadão. Para isso, o jornalista não pode ficar circunscrito ao seu mundo de classe média. Precisa conhecer a realidade das escolas públicas e do atendimento público à saúde, mesmo que seus filhos estudem em escolas particulares e sua família tenha acesso a um plano de saúde.

Mudança de pontos de vista

O ponto de vista das temáticas abordadas pelos jornais populares é outro porque o lugar econômico, social e cultural do leitor é diferente do lugar do leitor dos jornais de referência. O leitor das classes c e d vive com menor renda, tem baixa escolaridade, tem mais dificuldade de ingressar no mercado de trabalho, depende do sistema público de educação e atendimento à saúde e não tem acesso à maioria das programações culturais.

Diz o editor-chefe do *Diário Gaúcho*, Alexandre Bach, que "não existem assuntos proibidos no jornal, mas abordagens proibidas". O engarrafamento é coberto do ponto de vista do passageiro do ônibus, a greve do INSS é noticiada pelos prejuízos que traz à população e o aumento da gasolina interessa pelo possível aumento das passagens. Para abordar Copom e Selic ou quedas da taxa de juros, só com muito didatismo. Vale, isso sim, relacionar esse contexto nacional com os preços da feira livre ou dos supermercados. A programação cultural normalmente é sistematizada pelo custo, com realce para as gratuitas.

Na imprensa de referência, há, por exemplo, a discussão sobre o sistema penitenciário. Na popular, o ponto de vista muda, como pode-se ver numa matéria sobre a Penitenciária do Jacuí: *Revistas humilham familiares de presos* (*Diário Gaúcho*, 13/7/2001). No lugar de reportagens sobre um festival de gastronomia ou a culinária tailandesa, são comuns grandes chamadas de capa do tipo: *Merendeiras lançam livro com receitas de escolas municipais* (*Diário de São Paulo*, 2/10/2005).

Buscar boas pautas é sempre um desafio. É papel do jornalista que trabalha com o público popular procurar novas abordagens dos temas, normalmente "pautas de carne e osso", com base no contato com os leitores e também com fontes alternativas como rádios comunitárias, organizações não governamentais e movimentos sociais. Na internet, uma rede interessante de sites pode auxiliar a buscar novos enfoques para os assuntos de sempre. A maioria das pautas deve ter um gancho com as preocupações sociais. *180 mil moram em área de risco na capital*, diz a manchete do *Jornal da Tarde* em 27/10/2005. *Rocinha cria a sexta-cheira*, foi a instigante manchete de *O Dia* em 28/2/2005, que contava uma história sobre a cumplicidade entre traficantes e líderes comunitários.

A matéria de *O Dia* (4/11/2005) intitulada *Rocinha dividida entre o comando de Nem e Joca mostra a necessidade de os jornais populares noticiarem, por exemplo, a vida nas favelas, mas evidencia também que a política tem sido a fonte principal dessas informações:*

> RIO – A Rocinha está dividida. Temendo ser atacado, o traficante Joca, 35 anos, apontado como um dos novos chefes do tráfico da favela, impôs regras na parte alta do morro. Para assegurar sua posição e não se expor a rivais, ele passou a restringir a circulação de moradores da parte baixa da Rocinha na localidade.
>
> Segundo investigações da Polícia Civil, o bandido não tem liderança sobre a maioria dos soldados da Rocinha e ainda enfrenta resistência de muitos moradores, por ser muito agressivo e não ter a postura assistencialista de outros criminosos.
>
> Na parte baixa da favela, o domínio é de Antônio Francisco Bonfim Lopes, o Nem, 23 anos, que teria se unido a Joca, segunda-feira, apenas para matar Orlando José Rodrigues, o Soul, e pelo menos mais sete pessoas. Hoje, eles estariam em posições opostas. Nem herdou de Bem-Te-Vi o exército – soldados e dezenas de fuzis – das bocas de fumo mais rentáveis e próximas do asfalto, além do perfil assistencialista de seu antigo chefe, Bem-Te-Vi.
>
> As investigações indicam também que Joca, apesar de isolado, tem a seu favor o ponto estratégico pela visão privilegiada, a experiência de armeiro e gerente-geral das bocas da parte alta e bandidos mais acostumados a confrontos com inimigos de dentro e fora da favela.
>
> *Outra preocupação da polícia é uma invasão planejada por Gilson Ramos da Silva, o Aritana, líder do tráfico no Morro do São Carlos, no Estácio.*

Algumas iniciativas de falar do ponto de vista do mundo leitor são interessantes: uma notícia do *Extra* (19/3/2006) teve como título *Arte do lixo ganha o mundo – Artesão da Rocinha aproveita tudo o que é jogado fora para confeccionar maquetes de favela.* A matéria começa assim:

> Cansado de ver a imagem do lugar onde nasceu ser mostrada ao mundo somente por sua face violenta, Lino dos Santos Filho, de 55 anos, ou simplesmente Tio Lino, deu um basta. Arregaçou as mangas e, a partir do lixo recolhido em condomínios de São Conrado, começou a confeccionar maquetes da favela da Rocinha – retratando cenários de paz.

Um *box* abriga uma foto de Lino e uma entrevista. O título do *box* realça a afirmação: "Não pude fazer faculdade, mas virei arquiteto". A matéria concede ao morador da Rocinha o *status* de artista plástico e faz perguntas dignas de uma fonte prestigiada: "Como você vê o potencial cultural da Rocinha?"

Entretanto, a mudança do ponto de vista não é um processo fácil. Em março de 2006, o Exército e a Polícia Militar cercaram 12 favelas cariocas por 11 dias para recuperar armas roubadas de uma unidade do Exército em São Cristóvão, no Rio de Janeiro. O que se viu em muitos jornais, inclusive em alguns intitulados populares, foi a criminalização da pobreza. As favelas cariocas eram apresentadas como a causa de todos os problemas. A cobertura pouco levou em conta a situação de terror a que as comunidades foram submetidas: a violência policial, o barulho dos tiros, as mães à procura dos filhos perdidos, a falta de luz provocada pelas tropas.

Vigilância da linguagem

O fato de um jornal ser mais popular não significa que tenha de abrir mão da linguagem informativa. Ao analisar os jornais do segmento, percebe-se que atualmente a maioria não se afasta da linguagem jornalística, senão por intermédio do uso de alguns termos mais coloquiais (*Segurados com direito a mais de 60 mínimos já deviam estar recebendo a **grana** – Agora São Paulo – 16/3/2006*). Constatamos que os jornais analisados popularizam-se muito mais pelo enfoque da pauta do que propriamente pela diferença de linguagem.

O que pode determinar maior popularização da imprensa é – além da mudança de linha editorial e, portanto, do enfoque de suas pautas – a adoção de uma linguagem jornalística com inflexão mais didática. Os manuais de jornalismo e de português colecionam algumas dicas para um bom texto, que, no caso dos jornais populares, assume importância ainda maior. Um texto, para ser entendido por todos, deve:

• ser claro, ser compreendido imediatamente (muitas vezes o excesso de detalhes atrapalha);

• capturar o leitor e seduzi-lo para a leitura até o final;

- usar palavras indispensáveis, cheias de significado e frases repletas de conteúdo;
- optar por termos justos e evitar palavras de sentido muito amplo;
- trazer ângulos diferentes do fato;
- ser redigido com base no princípio de que o leitor não conhece o tema;
- evitar a ambiguidade, o pedantismo (exibição de conhecimento) e os jargões (palavras e expressões exclusivas de grupos sociais);
- evitar vícios de linguagem como as metáforas envelhecidas que se tornam chavões ou lugares-comuns.

Na prática, muitas vezes, a sinergia entre os diversos meios de comunicação de uma mesma empresa dificulta esse cuidado com a linguagem. Acompanhei por três dias as principais matérias de dois jornais da mesma empresa, *O Globo* e *Extra*. A conclusão é que a linguagem é bastante semelhante. Há diferenças nas capas e nas pautas em geral: normalmente elas variam, priorizando, no jornal mais popular, temas relacionados às cidades, esporte, direitos do cidadão, entretenimento e polícia. Mas quando as pautas coincidem, a linguagem não se modifica, o que muda é a o tamanho da matéria, o que muitas vezes tem relação com a extensão e profundidade da contextualização do assunto. No jornal considerado mais qualificado, as informações são mais detalhadas e, se o tema é política, a matéria apresenta a cobertura dos bastidores. No jornal popular, as matérias são mais resumidas e não necessariamente mais didáticas.

Na opinião do jornalista e professor de Planejamento Editorial e de Redação Jornalística da Universidade Estácio de Sá, Paulo Oliveira, no caso de *O Globo* e *do Extra*, parte das semelhanças de estruturas nos textos deve-se a essa sinergia. O foco principal está na editoria de Cidade – que se chama Rio, em *O Globo*, e Geral, no *Extra*. Os editores dos dois jornais têm acesso aos arquivos do outro, com exceção das matérias que são colocadas nas gavetas virtuais exclusivas de cada jornal. Além disso, os chefes de reportagem, cedo, conversam para evitar que repórteres dos dois jornais "corram" para matérias menos complexas. Essas negociações se arrastam durante todo o processo de produção.

O *Extra* não dispõe de um manual, mas seus repórteres tendem a seguir o *Manual de redação e estilo* de *O Globo*. Na formação da equipe do *Extra*, repórteres de várias editorias foram remanejados da redação do jornal principal do Infoglobo para o veículo mais popular.

Outro fator faz com que as matérias, além da estrutura, tenham a mesma linguagem: a decisão da direção do grupo Infoglobo de que os dois veículos podem publicar na íntegra matérias produzidas por repórteres do outro jornal, desde que deem crédito aos autores.

No diagnóstico do jornalista, a apresentação das matérias e a evidência de que se tratam de produtos com linhas editoriais diferentes ficam mais nítidas, nas duas editorias analisadas, pelos títulos, subtítulos, pelo tamanho e corte das fotos e pelas cores de fundo dos quadros. Ao analisar as duas editorias em 18 de março de 2006, Oliveira constata que, no *Extra*, foram publicadas 23 matérias – onze delas transformadas em notas –, em seis páginas. Em *O Globo*, foram vinte – quatro notas –, em nove páginas. Três ocuparam meia página e uma ocupou página inteira (todas elas apresentam boxes). Isso caracteriza textos maiores e mais divididos. De toda produção, doze matérias são comuns aos dois jornais. Quatro foram produzidas pelo *Extra*; sete foram produzidas por *O Globo*.

Fica difícil acreditar na existência de um "jornalismo popular", ao observar a semelhança na linguagem dos jornais, o que, provavelmente, atrapalha a "popularização" dos veículos. A falta de didatismo revela certo desdém com a função da imprensa entre os mais excluídos. Mudaram as pautas, alguns enfoques e eventuais pontos de vista, mas os jornais ainda usam um vocabulário inteligível apenas pela classe média, o que impede a conquista de novos leitores.

Uma matéria de *O Dia* intitulada "Emergência em Magé" conta a história de um posto de saúde que busca descobrir qual é a doença que está atacando os moradores. A matéria cita a hipótese do rotavírus sem explicar do que se trata e não relaciona o surto de diarreia com a importância das práticas de higiene, do destino dos dejetos e do esgoto.

Esse é um cuidado importante: o repórter não pode escrever pensando se sua fonte (seja ela um governador, um vereador ou um especialista) vai gostar da matéria ou achá-la óbvia, mas deve preocupar-se em adequar o que a fonte disse ao mundo do leitor. Como afirma o jornalista Marcelo Rech, trata-se da construção da matéria para o leitor e não para a fonte. "Uma decisão da Justiça terá a cobertura feita do ponto de vista de o quanto interfere na vida das pessoas. O bate-boca da discussão político-partidária desaparece", diz Rech.

Para Alexandre Bach, editor-chefe do DG, o bom texto no jornal popular requer muito desprendimento de quem está escrevendo, pois é um texto sem vaidade.

Os fatos devem ser bem ordenados e expostos. Podem ser utilizados quadros, simulações e boxes no estilo "Entenda o caso", "Saiba o que fazer" ou "Passo a passo". Os textos precisam ter frases curtas e diretas, poucos apostos, serem didáticos e traduzirem as palavras complexas. Na matéria do *Diário Gaúcho* intitulada *Dólar derruba a cotação da sucata* (12/8/2005) há um resumo da notícia explicando que os preços das latinhas, do papelão e das garrafas de plástico tiveram uma redução média de 40% nos ferros-velhos. A matéria inicia afirmando que o preço do dólar está atingindo o bolso dos catadores. Entre parênteses, explica que o dólar é a moeda oficial dos Estados Unidos. O jornal entrevista a presidente da Federação das Associações de Recicladores do Estado, um economista da Fundação de Economia e Estatística do Estado e o presidente da Associação Brasileira da Indústria do Plástico. Uma tabela mostra a variação dos preços nos ferros-velhos, um *box* mostra que os catadores estão sentindo a diferença, e, no pé da matéria, um *box* didático tem como título *Por que o valor cai*. Ensina que os preços do dólar variam conforme a oferta e a procura, assim como ocorre com frutas e verduras em uma feira livre e ensina sobre a balança comercial.

Palavras e expressões como *exportação, burocracia, concessão, estratégia, parlamentar, poder municipal, decreto, mandato* podem ser incompreendidas pela maioria da população. Por isso, todo texto deve ser redigido com base no princípio de que o leitor não está familiarizado com o tema. Muitas vezes, em matérias mais complexas, é necessário construir um glossário.

Mas escrever numa linguagem simples e clara não significa produzir um texto pobre. Esse é um dos desafios do jornal popular: não produzir apenas o texto que se adequa às expectativas do leitor, mas levar as pessoas, progressivamente, a apreciarem um texto de melhor qualidade. Ou seja, alguém que não tem hábito de leitura provavelmente vai encorajar-se a ler texto mais curtos, mais simples e na ordem direta. Mas, com o passar do tempo, o leitor pode ser introduzido a um texto mais criativo e rico em informações.

Adequação do projeto gráfico

Em geral, o projeto gráfico dos jornais fica a cargo de especialistas no assunto. Mas é interessante saber que ele decorre do planejamento editorial, ou seja, está intimamente ligado aos objetivos expostos no projeto editorial do jornal e na realidade do público-alvo. Identidade e legibilidade são dois conceitos importantes para a elaboração de um bom projeto gráfico.

No caso da identidade, há dois aspectos a serem considerados. O primeiro, que o leitor deve identificar-se com a estética do jornal. O segundo, que a publicação precisa ser facilmente reconhecida nas bancas. O discurso gráfico tem como objetivo ordenar a percepção, indicar o caminho do olhar. Por isso, se está dirigido a pessoas com pouco hábito de leitura, precisa apostar bastante em sua legibilidade.

A legibilidade de um texto depende de elementos como a forma e o tamanho das letras, comprimento e entrelinhamento das linhas, largura das colunas e disposição dos espaços brancos, cor, uso de seções, antetítulos, subtítulos, olhos, boxes, selos, fotos e ilustrações. O fato de um jornal ter a maioria dos leitores com baixa escolaridade implica decisões sobre o planejamento gráfico para facilitar a legibilidade. Por exemplo, evitar:

- colunas de texto muito finas ou muito largas;
- entrelinhamentos excessivamente reduzidos ou exagerados;
- textos em caixa alta;
- tipos de letra decorativa ou manuscrita;
- textos em fundos coloridos ou negativos;
- textos alinhados à direita ou centralizados.

O leitor deve olhar a página e identificar imediatamente a hierarquia de seu conteúdo. No jornalismo, nenhuma opção estética pode sobrepor-se à legibilidade. Há muitos recursos utilizados nos jornais planejados por pessoas que desconhecem o assunto, que dificultam a legibilidade das matérias.

Os cuidados nessa área são muitos. O *Jornal da Tarde*, por exemplo, quando se popularizou em 1998, remodelou seu projeto gráfico para ter um menor número de chamadas de capa e possibilitar que o leitor entendesse a hierarquia das matérias e localizasse rapidamente os assuntos que interessassem a ele; optou por utilizar títulos em caixa alta (letra maiúscula) e baixa (letra minúscula) porque são mais legíveis do que se forem escritos totalmente em caixa alta; o desenho dos tipos ficou mais claro e muitos textos ficaram alinhados à esquerda, o que facilita a leitura.

Edição de boas capas e títulos informativos

A capa é o que vende o jornal. Por isso, do ponto de vista comercial, é subordinada ao interesse do leitor. Pode-se criticar esse princípio, mas dificilmente ela será elaborada com outros critérios. Para os jornalistas, fica difícil aceitar que o critério usado para escolher uma manchete ou uma foto de capa não seja o jornalístico, e sim o comercial, o que mais vende. Até porque a fórmula "do que mais vende" é muito perigosa e pode, facilmente, distorcer a função social da imprensa. Em geral, a capa reflete o conteúdo do jornal e expressa a diversidade de matérias contidas nele, fazendo com que cada grupo de leitores ache nela algo que lhe interessa, seja serviço, esporte ou entretenimento/variedades.

Para Bach, do *Diário Gaúcho*, uma boa capa de jornal popular é composta por um bom assunto de polícia (não necessariamente a manchete), um bom assunto de entretenimento, temas de utilidade da vida real e em alguns momentos, futebol. Um bom título tem de ter um pouco de marotice e ser meio brincalhão, bem-humorado, mas no tom certo, explica Bach. Quando o assunto é polícia e envolve morte e dor, por exemplo, não dá para brincar.

O editor-geral do *Agora São Paulo*, Luiz Carlos Duarte, cita a necessidade de a linguagem não descambar para a gíria e a linguagem chula. Uma boa capa, para ele, precisa ter boas fotos e distribuição equilibrada de assuntos em blocos. No alto, o destaque para o assunto mais atraente e forte depois da manchete. Hoje em dia, as bancas de jornais são tomadas por produtos e muitas não exibem mais os jornais do lado de fora. Então, nos jornais *standard*, o espaço acima da dobra tem sido mais valorizado, que vai disputar o olhar do leitor na banca. Na verdade, há "duas" primeiras páginas na primeira página. Acima da dobra e abaixo da dobra. Se houver boa rodada de futebol, por exemplo, o bloco de esportes pode ser disposto no alto. No lado direito, como submanchete, pode ficar o noticiário de economia. No miolo, noticiário e foto de cidades. Na lateral esquerda, noticiário político e serviços. No rodapé, vão dicas de entretenimento, concursos e dicas, exemplifica o editor do *Agora São Paulo*.

A manchete de um jornal popular normalmente tem duas linhas (ao contrário dos jornais de referência, que usam apenas uma linha) e um bom corpo de letra (letras grandes). A manchete boa deve ter verbo, no presente e ser exata na definição do assunto. Para Duarte, o noticiário quente, informativo, de dinheiro, cidade ou polícia, de impacto sobre o cidadão deve ter títulos com verbos e evitar a voz passiva (*Centrais vão a Brasília propor mínimo de R$ 400,00 – Agora São Paulo*, 4/11/2005). Já os títulos de variedades e esportes podem ter frases ou orações nominais e abrir mão do verbo (*Fim de semana com vários shows na cidade – Agora São Paulo*, 4/11/2005).

As matérias sem valor jornalístico não devem ser elevadas a manchetes para chamar atenção nas bancas, como é o caso da manchete de *O Dia*: *Pantera e ex-namorada revela em livro sua relação com o Ronaldo: 'Ele era uma máquina de sexo'* (18/10/2005). Também é preciso cuidar para que algumas manchetes com importância jornalística não sejam apresentadas numa linguagem vulgar: *Três no cemitério, três no hospital: quadrilha desmantelada à bala* (*Tribuna do Paraná*, 18/10/2005).

É necessário atenção para que os títulos, em geral, preservem sua função informativa. A manchete *Vem aí Viagra de graça para levantar Lula*, do *Extra* de 12/10/2005, por exemplo, pretende ser engraçada, mas é pouco explicativa. A matéria trata da distribuição gratuita de medicamentos contra a disfunção erétil na rede pública e relaciona o fato com interesses eleitorais. Os títulos engraçados integram os recursos dos jornais populares, mas se a função primeira é informar e não entreter é bom lembrar que o bom título deve sair do lide e ser uma síntese precisa da informação mais importante do texto. Nesse caso, o título deveria mencionar o novo programa de saúde do homem do Ministério da Saúde. A relação com a campanha eleitoral poderia ter sido feita da mesma maneira, mas o título ficou vulgar e pouco informativo.

Utilidade para o leitor

O jornalismo popular adota uma linguagem simples, didática e valoriza cada centavo que o leitor gastou com o jornal, afirma o editor do

Extra, Bruno Thys. "O jornal tem de ser 'essencial' ao leitor. Por isso, a prestação de serviços é fundamental e o jornal não pode 'jogar conversa fora', precisa traduzir expressões e contextualizar."

Exemplos de matérias essenciais ao leitor foram algumas veiculadas em 2005 sobre o recadastramento dos aposentados do INSS. Os jornais populares, além de veicular as notícias tradicionais, apostaram na prestação de serviços. *O Dia* chegou a publicar em 2/10/2005 uma cartilha ilustrada com os passos do recadastramento.

As editorias de Economia dos jornais populares preferem fazer matérias com outros enfoques e linguagens, para que o jornal mostre o quanto fala de assuntos próximos do leitor. Um exemplo é a matéria *Cheque sem fundo: cresce calote no supermercado*, que conta como os consumidores preferem fazer as compras com cheques pré-datados para sessenta dias. O texto foi publicado na editoria de Economia do *Agora São Paulo*, denominada *Grana* (18/10/2005).

Outra fórmula cada vez mais utilizada para tornar os jornais essenciais aos seus leitores é a interatividade. Nos jornais de referência, ela também tem sido um recurso útil. *O Estado de S. Paulo*, por exemplo, lançou em outubro de 2005 a seção *Foto-Repórter*, que segue uma proposta de "fotógrafo-cidadão" e serve para que os leitores enviem fotos diretamente para a redação, que podem ser publicadas em qualquer editoria, sob o selo *Foto-Repórter*. Todos os jornais populares recebem muitas pautas e reclamações de seus leitores e dispõem de inúmeras seções em que os leitores podem dar sua opinião, fazer sua reclamação, publicar suas fotos ou tirar suas dúvidas.

RISCOS DA POPULARIZAÇÃO

Excesso de dramatização

"Como você se sente?" é a pergunta típica que o repórter faz às vítimas em situação dramáticas. Dramatizar é tornar um fato interessante e comovente como um drama, apresentando-o sob aspecto trágico ou evocando-o com cores mais vivas do que as que realmente têm. Seduzir o leitor para a leitura do texto com bons títulos e imagens, com decla-

rações importantes ou surpreendentes, faz parte do papel do jornalista. Entretanto, o profissional precisa ser ético para conhecer os limites que separam um fato bem contado de um factoide dramatizado.

Dramatizar também significa exagerar na representação de fatos ou conceder-lhe importância demasiada. *Dez minutos antes de ataque da polícia, Bem-Te-Vi recebeu a notícia que iria ser pai*, diz uma chamada de capa de *O Dia* (4/11/2005) sobre a morte de um traficante na Rocinha. Trata-se de uma manchete que dramatiza a morte do traficante, tornando o fato quase folhetinesco. Mais do que isso, a notícia extrapola os limites éticos do jornalismo quando coloca como título, no interior do jornal, *Um herdeiro para Bem-Te-Vi*, deixando transparecer a ideia de que o filho do traficante, que ainda não havia nascido, poderia tornar-se seu sucessor. É importante lembrar que não cabe ao jornalismo simplesmente gerar sensações, mas sim produzir informações e conhecimento.

É claro que é impossível não revelar os aspectos trágicos de um tsunami ou de uma chacina, fatos dramáticos por si. Mas fatos sensacionais não são sinônimos de sensacionalismo. O jornalismo tem a missão de mostrar o sofrimento gerado por uma catástrofe, um fato violento ou uma injustiça, mas o drama é decorrente do fato em si, não precisa ser forjado pelo jornal.

Carregar nas tintas de uma notícia ou história não faz com que ela seja mais bem compreendida e em nada contribui para a solução do problema. Divulgar excessos de detalhes sobre crimes ou acidentes, por exemplo, é antiético, desrespeitoso e desnecessário. *Travesti seminu cai do alto de um prédio em Casa Amarela* é o título de uma reportagem da *Folha de Pernambuco* (5/9/2005). A matéria relata:

> *O corpo de um cabeleireiro que se travestia de mulher e estava desaparecido desde a quarta-feira passada foi encontrado, no início da tarde do último sábado, no térreo de um prédio abandonado, em Casa Amarela. Ubiraci Moraes Siqueira, a Bia, 40 anos, estava seminu, **trajando apenas uma calcinha, esta abaixada até o joelho, e sandálias pretas**. [...] A vítima foi localizada por volta das 13h. A cabeça estava **inchada** e havia escoriações nas costas e na costela. "Provavelmente ele foi jogado do alto do prédio e deveria, antes do crime, **estar se relacionando sexualmente** com alguém", analisou o delegado do plantão de Homicídios George Santos, que registrou a ocorrência.*

Os deslizes ocorrem também na imprensa de referência. No site *Observatório da Imprensa* (4/10/2005), um membro de uma família de japoneses morta numa chacina em São Paulo reclamou do tratamento que a imprensa deu ao caso, até mesmo com a divulgação de quem era o sobrevivente da chacina, em que hospital se encontrava e quanto tinha na sua conta bancária. No mesmo texto, há um elogio para os jornais populares *Agora São Paulo* e *Diário de S. Paulo* por respeitarem os pedidos de sigilo feitos pela polícia.

Outro caso em que a imprensa exagerou na cobertura foi em 2005, na história de um menino de 4 anos, portador de uma doença degenerativa irreversível, cujo pai tentou pedir à Justiça a eutanásia, com a discordância da mãe da criança. A mãe reclamou que a imprensa não respeitou seu pedido de anonimato. Sua foto ao lado do filho foi publicada pelos jornais, e, depois disso, a família não teve mais sossego.

O jornalista deve ter respeito pelo sofrimento alheio. Não tem o direito de fazer as pessoas sofrerem ainda mais, forçando-as, por exemplo, a fazer declarações dramáticas. Velhinhos num asilo lúgubre não precisam ser expostos, nem a mãe debruçada sobre o caixão da filha assassinada. A dramaticidade da notícia deve ficar evidente não por adjetivos, mas pela descrição dos fatos dramáticos; ou seja, a descrição da intensidade do fato dependerá de um texto bem apurado e portador de uma tensão jornalística.

Percebe-se uma diminuição da dramatização no noticiário policial. Como lembra o editor-geral do *Agora São Paulo*, Luiz Carlos Duarte, o noticiário de polícia permanece, mas de maneira menos apelativa. Não se mostram mais cadáveres, só em casos excepcionais. O noticiário de polícia tem valorizado mais a cobrança das autoridades no que diz respeito à explosão da violência e às falhas da segurança pública, ouve o outro lado dos acusados, fiscaliza o abuso policial e a corrupção.

Se a cobertura de polícia perdeu bastante o tom criminal e sensacionalista e trata mais da segurança pública, seu grande problema atual é a prioridade para casos factuais, individualizados, como os crimes isolados. São necessárias ainda mais matérias informativas, colunas opinativas e reportagens sobre políticas de segurança pública, com cobertura completa e fontes especializadas, mais dados e estatísticas. As polícias ainda são a fonte preferencial e a temática da fiscalização das polícias tem tomado cada vez mais espaços. Nos jornais cariocas, a cobertura da violência toma maior espaço; ainda são poucas as matérias cujo tema não seja um fato isolado, e sim a análise da violência como um ato com causas e consequências sociais, culturais e políticas. Um bom exemplo é uma matéria publicada na editoria de Polícia do *Agora São Paulo* (12/10/2005) que tratava da posição de dez vencedores do Prêmio Nobel da Paz sobre o aumento do controle de armas.

Prioridade para o interesse do público

Todos os editores entrevistados são unânimes em reafirmar a submissão de seus veículos aos interesses do público. Gabam-se de servir ao leitor. Cartas, e-mails, telefonemas e conselhos de leitores são instrumentos cada vez mais considerados para definir o estilo e o conteúdo das publicações. Tanto é que uma das grandes diferenças entre os jornais de referência e os populares é a maior dimensão da cobertura de política, nos jornais destinados às classes A e B, e a maior prestação de serviços nos jornais para classes B, C e D.

Nem todos os fatos que costumam ser noticiados são efetivamente de interesse comum ou coletivo, mas do ponto de vista do jornalismo é esse o enfoque que deveria predominar. O jornalismo trata, por excelência, do interesse público, e por razões éticas seu objeto deveria ser o interesse público e não o gosto do público. É evidente que o interesse público não está necessariamente em oposição ao interesse particular. Mas para ter representatividade social, as notícias deveriam remeter o interesse particular manifestado pelo leitor a um contexto mais amplo, e não a um superdimensionamento dos fatos somente na perspectiva dos indivíduos ou dos *fait divers*.

A mescla de jornalismo e entretenimento na imprensa popular complica as coisas, pois são duas lógicas diferentes. Quando se trata de entretenimento, é lógico ofertar o que o público quer para se divertir. *O Dia*, por exemplo, publicou matéria intitulada *É você quem escolhe: em votação no* Dia Online, *leitores podem eleger a musa do mensalão*

(2/10/2005). A matéria apresenta fotos e dados das candidatas, um texto que não traz nenhuma informação de interesse público.

Mesmo que a pauta seja factual e a fonte seja popular, deve-se buscar sempre as causas dos problemas, e não deixar de ampliar a matéria para o debate sobre as políticas públicas. Outro desafio é tornar prazeroso o texto sobre o que é de interesse público. Um texto de qualidade, sem "economês", "juridiquês" ou qualquer outro jargão, que mostre a ligação dos fatos com a vida do leitor, é fundamental pode tornar qualquer fato interessante.

Representação dos populares como vítimas ou consumidores

O jornalista, tanto dos jornais de referência quanto dos populares, deve refletir sobre como representa a realidade popular e a que popular costuma dar visibilidade. As pessoas comuns que têm visibilidade no jornal não devem ser representadas como meros consumidores insatisfeitos ou como vítimas, e sim serem levadas à condição de cidadãos. É comum a imprensa publicar matérias apenas utilitárias, que oferecem dicas para a solução dos problemas sem contextualizá-los e aprofundá-los. Os jornais parecem entender que as pessoas do povo não precisam compreender como a sociedade funciona ou os problemas sociais se originam.

É preciso ponderar que, quando cidadão e consumidor são confundidos, a educação, a moradia, a saúde, o lazer aparecem como conquistas pessoais e não como direitos. O consumidor contenta-se com respostas setoriais. Já o cidadão não é tão submisso aos ditames do mercado e se preocupa com o debate sobre as políticas públicas de educação, segurança, moradia. A necessidade do cidadão é comer, morar, ter acesso à escola e cuidados com a sua saúde, e não necessariamente comprar uma casa ou adquirir um plano de saúde.

No *Diário Gaúcho*, por exemplo, há o relato de pedidos atendidos pela Rádio Farroupilha, emissora da RBS destinada ao segmento popular. Um deles referia-se a um casal de sem-teto, que sobrevivia como catadores de latas, morava em uma casa abandonada e pediu uma barraca na rádio. O jornal cita o nome e publica uma foto do casal, seguida de um pequeno texto que conta como obtiveram a barraca. É interessante registrar que a falta de políticas públicas de habitação não é questionada, mas os populares, sem casa nem emprego, aparecem no jornal por terem recebido uma barraca para morar.

O *joão-ninguém* precisa transformar-se em alguém digno de ser respeitado por suas vivências e opiniões, e o jornal pode mostrar como ele age ou pode agir em situações em que seus direitos não estiverem sendo respeitados. O que acontece normalmente é que, pela constatação de que as pessoas das classes C, D e E são destituídas de capital econômico e de escolaridade, elas são representadas somente como vítimas ou excluídas. O que faz as pessoas anônimas de classes desprivilegiadas aparecerem nos jornais são apenas suas necessidades, ou seja, que lhes dá existência pública e visibilidade é sua condição de vítima. Passam a personagens de uma história cuja solução é considerada digna de ser publicada num jornal.

Muitos personagens realmente são excluídos sociais, mas é possível posicioná-los no periódico como pessoas que têm direitos e que podem ter uma voz ativa na crítica ao *status quo*. Os jornais são um importante meio de mostrar à sociedade como essas pessoas podem ser elevadas à condição de cidadãos, como vimos no exemplo do artista plástico da Rocinha. Nessa perspectiva, ser didático e agregar prestação de serviço é sempre interessante. É preciso tomar cuidado para que as matérias não reforcem a exclusão e a marginalização, nem culpe as pessoas pela sua miséria ou pobreza.

Um exemplo interessante nesse sentido é o Centro de Documentação Imagens do Povo, ligado ao Observatório de Favelas do Rio de Janeiro. O objetivo é colocar a fotografia a serviço dos direitos humanos por meio do registro da realidade vivida nas periferias e favelas do Brasil e da constituição de um acervo de imagens sobre os diferentes grupos e movimentos populares do país. Coordenado pelo fotógrafo João Roberto Ripper, o projeto parte da ideia de que democratizar a fotografia é "derramar um olhar humano sobre a sociedade". A fotografia buscar ser um instrumento de resgate da dignidade das classes populares, com base no olhar de seus próprios moradores.

O Imagens do Povo é uma ampliação do trabalho realizado pelo projeto Imagens Humanas que integrou ao seu acervo de 140 mil fotografias dos sem-terra e dos povos da mata, dos trabalhadores escravos, das crianças de rua. São imagens que ficam à disposição dos movimentos sociais e de publicações de associações de favelas, sindicatos e entidades de defesa dos direitos humanos e defesa ambiental.

Voltando ao texto, pelos verbos usados para introduzir a opinião das pessoas comuns, já é possível perceber como na maioria das vezes as mantemos em uma condição de subalternidade. Os verbos mais frequentes indicam emocionalidade (queixar, reclamar, desabafar, lamentar), ou, simplesmente, organizam a argumentação e indicam quem está com a palavra (contar, falar, dizer, explicar). Poucas vezes são usados verbos como indagar ou reivindicar, alertar, salientar, cobrar ou afirmar. Praticamente não aparecem junto à fala do povo verbos característicos do relato do discurso na esfera do poder (como declarar, anunciar, assegurar, incentivar, denunciar, criticar, advertir). Entretanto, uma pessoa que espera comprovadamente uma consulta pelo SUS há meses poderia estar autorizada a dispor de um desses verbos para introduzir ou arrematar sua fala. Assim, o jornal, apesar de conceder a fala, não se descola das relações de poder instituídas.

A função do testemunho ganha ainda mais relevância no jornal popular de hoje, e uma das funções da fala popular é mostrar como as pessoas vivenciam o problema. Normalmente, a fala popular não explica o fato de forma contextualizada, mas sim de forma individualizada. Dessa maneira, devem ser procuradas também outras fontes que contribuam para a compreensão do fato em sua complexidade. A prática de pedir a opinião para o povo e não para fontes consagradas pode ser sedutora, mas muitas vezes a informação fica no âmbito superficial, do entretenimento, da dramaticidade e não chega ao objetivo da compreensão dos fatos. É fundamental procurar, por exemplo, quem possa propor soluções viáveis para o problema ou possa apontar aspectos do fato que digam respeito a mais pessoas.

Deve-se evitar também a exposição fria de estatísticas, pois as pessoas não se identificam com números e sim com outras pessoas. A humanização do relato jornalístico é fundamental, desde que a história seja contextualizada. O desafio dos jornalistas é tratar da condição humana e colocar as pessoas em primeiro lugar, sem desligá-las do aparato social. *Liberdade conquistada com suor* é a matéria publicada pelo *Extra* na editoria de Economia, sobre um programa do estado do Rio que emprega setecentos detentos que ganham salário e redução da pena. O texto é acompanhado de fotos de seis detentos no trabalho e explica porque foram condenados, relata a vontade que eles têm de mudar de vida e ganhar a liberdade:

> *O aprendiz de padeiro Ivanil Ferreira de Paula, de 59 anos, trabalha há um ano na fábrica de pão do presídio. [...] Ele quer, quando sair, daqui a pouco mais de três anos, arrumar um emprego numa padaria. Casado e pai de duas filhas, o ex-motorista tem 22 anos de carteira assinada. Ele sonha um dia se aposentar: "Ajudo minha família com o que ganho aqui. Minha filha mais velha vai se casar em dezembro e sei que todos estão orgulhosos por eu estar trabalhando. É a oportunidade de corrigir meu erro por me envolver com o tráfico de drogas". (2/10/2005)*

Assim, nessa matéria, os detentos não são meros criminosos presos, que só aparecem na mídia em caso de rebelião nas penitenciárias.

O PERFIL DO JORNALISTA

O profissional da imprensa popular deve mesclar responsabilidade social, competência na apuração e na contextualização do fato e sensibilidade para descrevê-lo do ponto de vista popular, numa linguagem simples e didática. Precisa ser batalhador, estar disposto a enxergar o mundo que existe além do seu e ser desinteressado em *status* e *glamour*. Muitas vezes, o jornalista de um jornal popular não é conhecido pelo governador, prefeito ou deputados, e é frequente que seja visto de maneira preconceituosa pelos colegas, mas pode ter seu trabalho facilmente reconhecido pelo povo e costuma ser muito bem recebido quando chega numa fila do SUS ou num bairro alagado ou com falta de água. A prática do jornalismo popular é um exercício de empatia porque exige que o jornalista permanentemente se coloque no lugar do leitor.

Os repórteres de jornais populares têm um cotidiano mais difícil, pois as comunidades que cobrem ficam em bairros e vilas mais distantes, muitas vezes em lugares de difícil acesso e sem segurança. Quanto às pautas, muitas surgem do contado das fontes populares que costumam procurar as redações.

Como todo bom jornalismo, o da imprensa popular deve ser feito longe das redações, na busca das histórias que vêm das ruas. A meta é trazer os temas sociais e conceder a eles uma abordagem humana, interessante e consistente. Por isso, a importância da velha e boa reportagem e seus aspectos humanizadores, como foi o caso da matéria *Tem tudo no trem da Central: antropólogo mergulha no mundo da estrada de ferro e traça perfil de passageiros e ambulantes (O Dia,* 2/10/2005). O texto conta a história de pessoas que usam os vagões de trem como espaço de trabalho (escritório, venda de objetos), de exercício da fé ou espaço de lazer. A reportagem inclui um glossário de gírias usadas nos trens. *Cascudo,* por exemplo, é o ambulante com muitos anos de trem. *Geladão* são os trens com ar-condicionado. *Trem lombrado* é aquele com muito vigilantes e *Igreja* é o vagão em que são celebrados cultos religiosos. O repórter mostra também que cada ramal de trem tem um perfil diferente de usuário, e relata a luta dos camelôs que trabalham no trem por legalização.

O bom jornalista busca ter uma visão ampla sobre os temas mais comuns do cotidiano da população e deve acompanhar informações sobre o desenvolvimento socioeconômico do brasileiro.

Embora a imprensa popular esteja ganhando cada vez mais importância, alguns jornalistas ainda sentem-se discriminados. Cristiane Brum Bernardes, repórter policial do DG por dois anos, considera que o preconceito das fontes e dos demais colegas é o maior obstáculo do jornalista desse segmento.

A relação das fontes oficiais com os jornalistas desses jornais por vezes também é complicada. As fontes não ligadas ao povo costumam menosprezar essas publicações, até porque os jornais não costumam dar muito destaque a opiniões, declarações e fotos de pessoas ligadas a cargos oficiais. Além disso, a fala de uma fonte oficial normalmente é simplificada e "traduzida", e se o fato envolve questões políticas e partidárias, elas não têm tanta importância.

O perfil dos profissionais das redações varia. O *Extra* e o *Diário Gaúcho* tiveram início com equipes compostas por repórteres e editores ligados ao *O Globo* e ao *Zero Hora* e por jornalistas novos, recém-formados. Mesmo veículos mais antigos, como *O Dia,* foram encabeçados por jornalistas consagrados e repórteres competentes vindos de outros jornais importantes, o que rompe com o preconceito de que a redação dos veículos populares é o refugo dos demais jornais. Os editores exigem que os jornalistas do segmento popular tenham empatia com o público, ou seja, consigam escrever sobre um ídolo sertanejo mesmo que gostem de música clássica e que saibam fazer textos mais leves mesmo que sejam fãs declarados de livros eruditos.

Na maioria das vezes, as publicações mesclam em suas redações repórteres experientes, novatos e alguns jornalistas mais próximos do público-alvo. Não necessariamente no aspecto financeiro, mas em especial no cultural e às vezes na origem social. Alguns são de classe média baixa, assim como os leitores. Outras vezes, são preferidos jornalistas que residam em regiões suburbanas ou tenham contato com movimentos comunitários e sociais.

O repórter de Esportes do *Diário Gaúcho* Felipe Bortolanza integrou a equipe do DG desde o início. Trabalhava no *Zero Hora*, onde era responsável pelo caderno Campo e Lavoura. Para ele, ser chamado para trabalhar num jornal novo foi muito interessante. "Integrar a equipe de um jornal popular é um aprendizado, pois é um jornal de serviço em que também há espaço para a investigação e o entretenimento. Quando o jornal é benfeito e se vê a resposta do leitor, é gratificante", afirma. Bortolanza explica que a rotina da apuração é a mesma nos dois jornais. O que muda é o espaço destinado às matérias e a linguagem adotada. Embora seja mais sacrificante cobrir um jogo de várzea no verão do que um jogo no estádio Olímpico, em Porto Alegre, o repórter diz que o retorno da comunidade é muito grande. "Sempre a melhor sombra é da equipe do DG", brinca Bortolanza, lembrando o quanto os jornalistas se sentem recompensados por cobrir setores mais marginalizados. A população cria uma relação pessoal com o jornal. Seguidamente a redação recebe agradecimentos, doces, bolos e presentes dos leitores.

O jornalista Paulo Oliveira também lembra com satisfação da recepção do público leitor de *O Dia*. Oliveira, que trabalhou por dez anos como pauteiro, chefe de reportagem, subeditor de Geral, repórter especial e editor de cadernos regionais de *O Dia*, afirma que o repórter de um jornal popular deve buscar permanentemente boas pautas, ligadas ao perfil do público, pois o que é pautado pela elite não interessa a esse segmento. O repórter tem de ser perspicaz para descobrir pautas diferentes. Por exemplo: uma reportagem sobre a utilização das lajes nas favelas do Rio de Janeiro pode interessar aos leitores porque as lajes possibilitam o convívio social, o aumento das casas e são fonte extra de renda, quando alugadas. O tema do racismo não pode ser abordado somente em relação aos negros, mas deve incluir também o preconceito com os nordestinos. São pautas que surgem apenas para os repórteres que estão atentos a essa realidade social.

Oliveira afirma também a necessidade dos editores e repórteres dependerem menos das fontes policiais. Considera que o grampo telefônico é "a praga" da reportagem policial. Se até a morte de Tim Lopes havia uma superexposição dos repórteres, após o assassinato do jornalista, os repórteres pouco se expõem e dependem de um seleto grupo da polícia que se utiliza permanentemente dos grampos. Para os editores, os grampos servem como garantia da veracidade da matéria, mas isso faz com que todos os jornais tenham a mesma fonte e criem uma relação viciada com a polícia.

Sobre a competência, o jornalista que atua nesse segmento deve ter a mesma competência dos demais, porém precisa desenvolver empatia com o público-alvo para adequar as pautas e a linguagem ao mundo do leitor. É bom que reflita permanentemente sobre a função social de seu trabalho para que a atividade jornalística possa ser feita com qualidade e respeito ao público. O profissional deve ser sobretudo sensível, construtivo e didático. Não esquecer que, seja qual for o tipo de imprensa em trabalha, os princípios éticos são os mesmos. Aliás, nunca é demais lembrar que credibilidade é um conceito cada vez mais caro aos produtos jornalísticos populares.

POSSIBILIDADES DE UM JORNALISMO POPULAR DE QUALIDADE

É de se perguntar se é possível um jornalismo com fins comerciais, destinado às classes populares, ligado a este universo social e cultural, que não destitua as pessoas do povo do papel de sujeitos de sua própria história. Afinal, a imprensa tem o papel de mostrar o lugar que cada um ocupa ou pode ocupar no mundo público.

Como jornalismo de interesse humano é pleonasmo, é fundamental um jornalismo de responsabilidade social, que trate dos temas de interesse comum da sociedade. No caso da imprensa popular, o jornalismo deve dar conta especialmente dos problemas sociais vividos diariamente pelo público.

O problema é que existem pelo menos duas formas de legitimar um jornal: o veredicto do mercado e o veredicto dos jornalistas. Os princípios do bom jornalismo são estabelecidos historicamente pelos jornalistas que respeitam determinados valores estabelecidos como importantes para o exercício da profissão. Do ponto de vista do mercado, a quem interessa formar bons consumidores, tudo indica que a fórmula mais fácil para vender jornal às classes c, d e e é misturar prestação de serviço e entretenimento. A diferença do segmento popular da grande imprensa em relação aos jornais comunitários, sindicais ou de movimentos sociais é que aquele não se atribui o dever de "educar" o povo. A presença da lógica comercial é inerente a ele, e seria muita ingenuidade pressupor que esses veículos possam mudar totalmente seus perfis.

Do ponto de vista de quem se preocupa em formar bons leitores e cidadãos, espera-se que esses jornais se aproximem cada vez mais de um bom jornalismo, praticado em conformidade com a realidade social, econômica e cultural do seu público.

O jornalismo, para popularizar-se, não poderá ignorar o "o cotidiano do leitor"; e tem de fazer uma ponte entre sua posição de leitor do mundo e o mundo do leitor. O jornalismo popular só tem viabilidade se responder a demandas sociais da população e se estiver inserido culturalmente no segmento de leitores a quem se dirige. Para tal, é imprescindível que os jornalistas conheçam antes seu leitor e os jornais estabeleçam estratégias específicas em cada caso.

O jornalismo destinado aos setores populares, para ser de qualidade, não tem sua definição tão somente na concessão da palavra ao povo, embora se trate de um procedimento de fato relevante. A fonte popular ajuda a explicar seu mundo, mas não é responsável por si só pela realização da notícia. A urgência dos necessitados não pode imobilizar a notícia ou inviabilizar a reflexão.

Os jornais populares articulam demandas sociais, dinâmicas, culturais e lógicas do mercado, sustentam um contrato de credibilidade baseado na proximidade geográfica, no pertencimento social e na participação. A miséria, o desemprego, a inoperância do poder público e o drama do reconhecimento não se constituem só em recursos estilísticos dos jornais, mas são problemas efetivamente vividos pelos leitores reais. Um dos papéis que a imprensa assume, o de intermediação com o poder público, demonstra o quanto a população está desassistida.

Esse tipo de imprensa muitas vezes amplifica a fala dos setores populares e coloca o leitor popular, normalmente situado na periferia do direito à fala, no centro do jornal. A "existência social" é devolvida a pessoas que em outros jornais são reduzidas a problemas sociais ou problemas de polícia.

A comparação de muitas notícias com boletins meteorológicos é pertinente. Muitas vezes, a população está tão longe das esferas de decisão que os fatos são vistos como fora do seu alcance. Faça sol ou chuva, os fatos estão distantes da interferência do povo, resta às pessoas somente aceitá-los.

Cabe ao jornalismo popular ser interessante ao público e não só responder ao que imagina que seja o desejo público; ser mais propositivo para estimular o leitor a exercer sua cidadania. Aliás, a pesquisa do Ibope em 2005, encomendada pela Associação Nacional dos Jornais, intitulada *A diferença do jornal na vida dos brasileiros*, mostrou que as pessoas que leem jornais conseguem empregos melhores, disputam cargos e influenciam na vida política, além de serem mais conscientes do seu papel de cidadãos. A pesquisa também comprova que o jornal é o meio de comunicação em que as pessoas mais confiam e tem grande importância na valorização das comunidades.

Talvez uma das saídas para os jornais mais populares seja a criação de formas próprias de um "jornalismo cidadão". Como inspiração, há várias experiências, entre elas as do *civic journalism* e o *public journalism*, surgidos nos Estados Unidos. O *civic journalism* começou com a fundação de The Pew Center for Civic Journalism, criada em 1948 por herdeiros de Joseph Newton Pew, proprietário da Sun Oil Company, para financiar projetos jornalísticos com o objetivo de exaltar os valores da democracia. O *public journalism* surgiu como uma reação à perda de leitores da imprensa escrita para a televisão e uma tentativa de mudar as formas como as notícias são agendadas na mídia. Ambos têm como principal objetivo reforçar a ligação entre os veículos noticiosos e os cidadãos. São interessantes porque propõem um vínculo da imprensa com o desenvolvimento da cidadania, mas são questionados por solicitarem o engajamento do jornalista com projetos de assistência social, benemerência e filantropia, missão que extrapola o exercício tradicional da profissão. Mas é possível desenvolver um jornalismo cidadão que agregue valores sociais aos valores notícias tradicionais.

Esse tipo de jornalismo condena a tendência da imprensa de reduzir o leitor a um simples consumidor. Propõe-se a:

• manter a função da imprensa de *cão de guarda* para fiscalizar o poder público e as injustiças;

• abandonar a função de *cão de ataque* de uma imprensa escandalosa promotora de invasão de privacidade e execrações públicas;

• acrescentar a função de *cão guia* para adicionar novas responsabilidades ao velho jornalismo.

O aspecto cidadão desse jornalismo não se restringe às colunas de prestação de serviço e de defesa do consumidor. O jornalismo cívico propõe-se a produzir conhecimento para a cidadania, como explicou uma de suas precursoras, a jornalista Jan Schaffer, numa palestra proferida no 5° Congresso Brasileiro de Jornais no Rio de Janeiro em 2004. Busca:

• valorizar o conhecimento cotidiano de quem vive as situações;

• considerar o leitor não como mero consumidor de jornal;

• encorajar o cidadão a envolver-se com a vida pública;

• privilegiar a compreensão do fato;

• fazer entrevistas humanizadoras;

• agregar valores sociais às notícias e incorporar boxes de informações, telefones, serviços, endereços eletrônicos;

• agregar um entorno institucional ao problema;

• perguntar para as pessoas quais são suas preocupações, como elas veem as questões, pedir a elas para definir os termos que utilizam;

• examinar soluções para os problemas;

• construir o conhecimento e fomentar a participação;

• capacitar as comunidades a lidarem com seus problemas;

• tratar de mais do que dois lados da história, consultar as fontes oficiais, mas também as anônimas e mostrar os diferentes pontos de vistas das pessoas que serão afetas pela informação.

Atenção: o jornalismo pode priorizar o cidadão morador, contribuinte, consumidor ou eleitor, mas não pode ficar cansativo e previsível. Afinal, jornalismo não é cartilha de direitos e deveres.

PISTAS PARA UM CONCEITO
DE JORNALISMO POPULAR

Pode-se dizer que um jornalismo popular de qualidade viável nos moldes de uma empresa jornalística é aquele que:

• leva em consideração a posição econômica, social e cultural do leitor e por isso fala de determinado ponto de vista;

• expõe as necessidades individuais das pessoas para servir como gancho para aquelas de interesse público;

• representa as pessoas do povo de forma digna;

• publica notícias de forma didática, sem perder seu contexto e sua profundidade;

• agrega o conceito de responsabilidade social da imprensa (o dever de assumir os efeitos sociais das informações que divulga) ao de utilidade social (o atendimento a interesses concretos dos cidadãos);

• se define pela sua proximidade com o público, pela adoção de elementos do universo cultural do leitor e conexão com o local e o imediato;

• é composto de notícias de interesse público, relatadas de maneira humanizada;

• busca ampliar o conhecimento do leitor sobre o mundo e substituir o ponto de vista individual pelo ponto de vista do cidadão ou da comunidade, sem se dirigir para o campo do entretenimento e do espetacular.

É viável que empresas jornalísticas façam um jornalismo com vínculo social. Mas um jornalismo popular radical (no sentido de mais completo e profundo) seria aquele que é pautado pelos setores excluídos e dá visibilidade a posições contra-hegemônicas, ou seja, às diversas posições políticas e culturais encontradas sociedade. Essa é a missão dos produtos informativos produzidos pelos movimentos sociais e que dificilmente será alcançada por uma empresa jornalística.

De qualquer maneira, há a necessidade do resguardo da identidade do jornalismo e da sua não submissão aos interesses políticos da elite, ao entretenimento e ao espetáculo. Por mais que o jornalismo popular tenha surgido ligado a interesses políticos e mantenha histórica relação com o entretenimento, um jornalismo popular de qualidade só será viável se souber construir seus contornos sem subordinar-se a determinados interesses mercadológicos ou políticos dominantes.

É bom lembrar ainda que o entretenimento também informa, mas seu compromisso não é com a informação. Para falar em jornalismo, é preciso falar em informação para a cidadania, não para o entretenimento ou para o consumo.

Cabe ao jornalismo popular trabalhar com dispositivos de reconhecimento e dar conta de algumas características culturais de seus leitores, sem perder seus propósitos de vista. Um bom jornal destinado ao público popular deve considerar que seu leitor é também sujeito de um discurso sobre o que ocorre na sociedade, e porta características sociais e culturais específicas. Por isso, o jornal deve falar de um lugar diferente, sem abrir mão dos princípios éticos do bom jornalismo.

O segmento popular da grande imprensa pode fazer um jornalismo de maior qualidade, mas seria inócuo cobrar dele um papel militante – função da imprensa partidária, sindical, comunitária ou ligada aos movimentos sociais. Os jornais aqui citados são dirigidos a um público maior pela soma de decisões que os configuram de maneira diversa dos jornais de referência e os aproximam de determinadas camadas da população. Mas são jornais movidos pelos interesses empresariais. Sem viabilidade econômica, o jornalismo popular não emplaca nas grandes empresas e, portanto, a busca de proximidade com o leitor é uma estratégia inevitável. O que os jornalistas precisam garantir nas redações é que a imprensa popular faça, efetivamente, jornalismo, e se democratize. Para isso, os princípios do jornalismo ético e socialmente responsável devem ser o limite.

CAPAS DE ALGUNS JORNAIS

Extra, fundado em 1998 (RJ).

O Dia, fundado em 1951 (RJ).

Diário Gaúcho, fundado em 2000 (RS).

Agora São Paulo, fundado em 1998 (SP).

ROTEIRO DE LEITURA

ANGRIMANI, Danilo. *Espreme que sai sangue.* Um estudo do sensacionalismo na imprensa. São Paulo: Summus, 1995. Estuda a circunstância em que o sensacionalismo ocorre, as necessidades inconscientes que são atendidas por esse gênero e investiga os mecanismos que interagem na atração e compra de produtos sensacionalistas, em especial do jornal *Notícias Populares.*

CAMPOS JR., Celso de; LEPIANI, Giancarlo; LIMA, Maik René; MOREIRA, Denis. *Nada mais que a verdade:* a extraordinária história do jornal *Notícias Populares.* São Paulo: Carrenho Editorial, 2002. Conta a história de 37 anos de vida do polêmico periódico paulista.

COSTA, Maria Teresa. *O programa Gil Gomes*: a justiça em ondas médias. Campinas: Unicamp, 1992. Analisa o programa policial radiofônico Gil Gomes, com base no estudo de 3 mil cartas dos ouvintes, e relativiza algumas ideias preconcebidas sobre a passividade da recepção em relação aos meios de comunicação, principalmente quando o público é composto pelas camadas mais pobres da população.

DIAS, Ana Rosa. *O discurso da violência*: as marcas da oralidade no jornalismo popular. São Paulo: Educ/Cortez, 1996. Com base em uma análise do *Notícias Populares*, mostra as marcas da oralidade e sua representação no jornalismo popular e analisa como o jornalismo popular representa a violência.

GOLDENSTEIN, Gisela. *Do jornalismo político à indústria cultural.* São Paulo: Summus, 1987. Analisa a trajetória do *Última Hora* e do *Notícias Populares* do ponto de vista da constituição da indústria cultural no Brasil.

GUARESCHI, Pedrinho; BIZ, Osvaldo (org.). *Diário Gaúcho:* que discurso? Que responsabilidade social? Porto Alegre: Evangraf, 2003. É composto por vários artigos de intelectuais gaúchos que questionam o papel social e a ideologia do jornal *Diário Gaúcho.*

HOHLFELDT, Antônio; BUCKUP, Carolina. *Última Hora*: populismo nacionalista nas páginas de um jornal. Porto Alegre: Sulina, 2002. Aborda o projeto nacional do jornal *Última Hora*, bem como sua história na imprensa do Rio Grande do Sul.

Lopes, Maria Immacolata. *O rádio dos pobres*: comunicação de massa, ideologia e marginalidade social. São Paulo: Loyola, 1988. Estuda os efeitos ideológicos do discurso radiofônico popular sobre as populações marginais que vivem em ambiente urbano, com base na análise dos programas Zé Bettio, Gil Gomes e Silvio Santos.

Mendonça, Kleber. *A punição pela audiência*: um estudo do "Linha Direta". Rio de Janeiro, Quartet, 2002. O estudo parte da análise do discurso para identificar os instrumentos narrativos do programa Linha Direta, da tv Globo. Identifica uma estratégia de autoridade da própria emissora, fundamentada na interpretação dos acontecimentos e de produção de "verdades".

Miceli, Sérgio. *A noite da madrinha*. São Paulo: Companhia das Letras, 2005. Analisa o programa de Hebe Camargo para examinar a cultura do país durante o regime militar. Demonstra como a apresentadora, assumindo os papéis de mãe, filha, esposa e dona de casa, duplica os papéis sociais reservados à mulher, e assim reforça a necessidade de conformidade social e a adesão a determinado universo ideológico.

Mira, Maria Celeste. *O leitor e a banca de revistas*. São Paulo: Olho d'Água/ Fapesp, 2001. Analisa a relação das revistas com os segmentos do mercado e usa as categorias de gênero, geração e classe para analisar os modelos de revistas mais importantes no Brasil e no mundo.

Pedroso, Rosa Nívea. *A construção do discurso de sedução em um jornal sensacionalista*. São Paulo: Annablume, 2001. Apresenta as condições de produção do discurso informativo-sedutor, reconhecido historicamente como sensacionalista, e analisa a gramática discursiva do jornal *Luta*.

Scalzo, Marília. *Jornalismo de revista*. São Paulo: Contexto, 2004. Desvenda alguns segredos do jornalismo de revista, discute as técnicas de construção de um texto mais arejado, específico ao gênero, e chama atenção para os elementos básicos da linguagem visual, tão característica do produto. Debate ainda a situação e os rumos do mercado de trabalho no setor, bem como convida o leitor para um passeio histórico ao mundo das revistas: das origens do gênero às tendências que se anunciam com as novas tecnologia.

Serra, Antonio. *O desvio nosso de cada dia*: a representação do cotidiano num jornal popular. Rio de Janeiro: Achiamé, 1980. (Série Universitária; 7). É um estudo sobre o jornal *O Dia*, num período em que privilegiava matérias de polícia e dava ênfase ao grotesco e ao escatológico.

BIBLIOGRAFIA COMPLEMENTAR

GABLER, Neal. *Vida*: o filme. São Paulo: Companhia das Letras, 1999.

MARCONDES FILHO, Ciro. *O capital da notícia*: jornalismo como produção social de segunda natureza. 2. ed. São Paulo: Ática, 1989.

MARQUES DE MELO, José. Sensacionalismo na imprensa. *Revista Comunicações e Artes da ECA/USP*. São Paulo, n. 4, 1971.

MARTIN-BARBERO, Jesus. *Dos meios às mediações*: comunicação, cultura e hegemonia. Rio de Janeiro: UFRJ, 1997.

MARTINS FILHO, Cyro Silveira. *Cyro Silveira Martins Filho*: entrevista [jul. 2001]. Entrevistador: Flávio Porcello. Porto Alegre: TV PUC, Programa Argumentos, 2001. [1 VHS].

MARTINS FILHO, Cyro Silveira. Páginas de sangue no *Diário Gaúcho*. *Revista Press*. Disponível em: www.revistapress.com.br/press2003/especial26.asp. Acessado em: 15 abr. 2003.

MEYER, Marlyse. *Folhetim*: uma história. São Paulo: Companhia das Letras, 1996.

SANTOS, Milton. *O espaço do cidadão*. 6. ed. São Paulo: Studio Nobel, 2002.

SODRÉ, Muniz. *Teoria da literatura de massa*. Rio de Janeiro: Tempo Brasileiro, 1978.

SUNKEL, Guillermo. *Razón y Pasión en la Prensa Popular*: un estudio sobre cultura popular, cultura de masas y cultura política. Santiago del Chile: ILET, 1985.

WOLF, Mauro. *Teorias da comunicação*. Lisboa: Presença, 1987.